古代歷史文化 研究輯刊

十六編

王 明 蓀 主編

第16冊

清代順康雍三朝文字獄個案研究

胡 堅 著

國家圖書館出版品預行編目資料

清代順康雍三朝文字獄個案研究／胡堅 著 -- 初版 -- 新北市：
花木蘭文化出版社，2016〔民105〕
目 2+170 面；19×26 公分
（古代歷史文化研究輯刊 十六編；第 16 冊）
ISBN 978-986-404-761-1（精裝）
1. 文字獄 2. 清代
610.4   105014269

ISBN-978-986-404-761-1

9 789864 047611

古代歷史文化研究輯刊
十六編　第十六冊　　　　　　　ISBN：978-986-404-761-1

清代順康雍三朝文字獄個案研究

作　　者　胡　堅
主　　編　王明蓀
總 編 輯　杜潔祥
副總編輯　楊嘉樂
編　　輯　許郁翎、王筑　美術編輯　陳逸婷
出　　版　花木蘭文化出版社
社　　長　高小娟
聯絡地址　235 新北市中和區中安街七二號十三樓
　　　　　電話：02-2923-1455／傳眞：02-2923-1452
網　　址　http://www.huamulan.tw 信箱 hml810518@gmail.com
印　　刷　普羅文化出版廣告事業
初　　版　2016 年 9 月
全書字數　126811 字
定　　價　十六編 35 冊（精裝）台幣 68,000 元

清代順康雍三朝文字獄個案研究

胡堅　著

作者簡介

胡堅，1970 年 5 月生。歷史學博士。現爲上海圖書館副研究館員，主要從事中國古代史和文獻學研究、文獻整理和數位化製作等。發表學術論文數篇，主編或參編學術專著、辭典與文獻叢編，以及整理點校館藏未刊文獻數部。

提　　要

　　「文字獄」研究，爲中國政治及文化史的大課題。清代，是中國帝制時代的終結，又是國史上文字獄最爲頻發的時代。清代文字獄的出現，乃政治威權向文化威權擴張的具象之一，關乎清廷建立「正統」之業。中國的「正統」，原是政治之統系。唐人別立「道統」，爲文化之統系。宋、元之間，「正統」始具新義，由「治統」與「道統」兩者配合而成。而「治統」和「道統」，是宰制中國傳統社會的兩大統系，具有政治和文化上的至高威權。「治」、「道」相合，爰成「正統」，是宋、元以後儒家和帝王的最高理想。

　　清代世祖順治、聖祖康熙和世宗雍正三朝，是清廷統治中國的奠基時代。清代君主輒取漢化之策略，復藉文字之獄，將政治勢力延至文化領域，從確立其「治統」，到維護其「道統」，熔鑄「治」、「道」，終合兩者於一，成爲「正統」，並用政治和文化上的至高威權，以之宰制天下。順治朝和康熙朝，屬於清代文字獄的發軔時期，是清代君主用文字之獄確立和維護其「治統」之始；雍正朝，屬於清代文字獄的發展時期，爲清代君主趨向「治」、「道」相合，以實現「正統」的時期。這或者就是清代政治和文化嬗變的道路與歸宿。其遞變之路，於後世實具深遠的意義。

目

次

第一章　引　言

第一節　「文字獄」之說

　　治中國政治及文化史，「文字獄」之研究乃是一大課題。「文字獄」之名，或始見於清代。前賢通常以爲，此名首見於晚清龔自珍〈詠史〉詩中「避席畏聞文字獄，著書都爲稻粱謀」之句〔註1〕。後有學者指出，此名源於乾、嘉時趙翼的《廿二史箚記》和清仁宗嘉慶朝的官方文件之中〔註2〕。然而，在清聖祖康熙初年，桐城方孝標〈有客行〉詩已有「客從西湖來，必知西湖事。株連文字獄，殺戮無老穉」之句〔註3〕，今人金性堯認爲：「孝標爲順治時人，則『文字獄』之稱，清初已經有了，不知是否還有更早的。詩中的『西湖事』云云，當指莊氏史案」〔註4〕；至清高宗乾隆中，《欽定四庫全書》亦有「蘇軾、黃庭堅文字之獄迭起」之句〔註5〕，指宋人蘇軾因託諷之詩被「逮赴

〔註1〕　（清）龔自珍撰：《龔自珍全集》，第九輯，〈乙酉詩五首〉其二，頁四七一。
〔註2〕　郭成康、林鐵鈞撰：《清朝文字獄》，頁6。又可參閱王樹民校證：《廿二史箚記校證（訂補本）》卷二十六，〈宋史〉，〈秦檜文字之禍〉條；卷三十二，〈明史〉，〈明初文字之禍〉條；下冊，頁五六六至五六八、七四〇至七四一等。至於清仁宗嘉慶朝的官方文件，則未知具體出處，俟考。
〔註3〕　（清）方孝標撰：《鈍齋詩選》卷五，〈七言古體一〉。方孝標，初名玄成，避清聖祖諱，以字行。
〔註4〕　金性堯撰：《土中錄》，〈前言〉，頁1。然稱「孝標爲順治時人」，恐不盡妥確。蓋孝標生於明神宗萬曆四十五年，而莊氏史案起於清順治十八年，獄決於康熙二年，孝標尚在世，宜稱之爲「明末清初人」。
〔註5〕　《欽定四庫全書總目》卷一百五十二，〈集部五〉，〈別集類五〉，〈鈍徠集二十卷〉條；《欽定四庫全書》，〈集部三〉，〈別集類二〉，〈鈍徠集提要〉；分別見

臺獄」，御史李定、舒亶、何正臣等「欲置之死，鍛煉久之不決」，及黃庭堅因〈荊南承天院記〉被「除名，羈管宜州」之事〔註6〕；此兩處官、私文字的出現，皆早於趙翼的《廿二史箚記》、清仁宗嘉慶朝的官方文件和龔自珍〈詠史〉詩中所作。

及至近現代，學者稍有關於「文字獄」涵義的論辨。如，許霽英提出「文字獄」的四條標準：「凡詩文中被指爲譏議朝政、謗訕君父而獲罪者」、「凡造作文字，涉及忌諱者」、「凡因收藏違禁文字而得罪者」、「凡因文字嫌疑遭人告發或被直接查捕而受累不淺者」〔註7〕。郭成康、林鐵鈞論「文字獄」的定義：「文字獄就是因文字的緣故而構成的罪案，其形式是以文字作品得罪，與一般的建言獲讉不同，其實質是當事人沒有危害和推翻政府的行爲，當權者或吹毛求疵，有意羅織，或僅僅根據其思想傾向而治罪」〔註8〕。王彬以爲：「筆禍」和「文字獄」，「嚴格說來，二者並沒有什麼本質的不同」，只是稱謂不同，且可混用〔註9〕。喻大華大致同意辭書中的定義：「文字獄的核心：即從文字中羅織而成的冤獄」，認定文字獄「不宜失之寬泛」，「文字獄應具備以下幾個特點：1.統治者爲了某種目的而興文字獄。2.手段上是以文字爲突破口，作品本身沒有觸諱或觸諱不深，作者主觀上或是無意，或是僅僅發些牢騷。但製造者或捕風捉影、望文生意，或任意誇大、對號入座、得出謀反、大逆等罪名。3.其性質一般都是冤獄，至少也是罪不當罰，甚至製造者也清楚這一點」〔註10〕。趙志毅認爲：「清文字獄的最基本特徵是冤獄」，「文字獄是被害人的作品本身並不觸犯刑律，而是統治者從其作品中摘取字句，加上不

（清）永瑢、紀昀等纂修：《景印文淵閣四庫全書》，第四冊，頁4-105；第一〇九〇冊，頁1090-182。關於《欽定四庫全書》的成書年代，可參閱郭伯恭撰：《四庫全書纂修考》、黃愛平撰：《〈四庫全書〉纂修研究》，以及臺灣商務印書館所識〈影印文淵閣四庫全書緣起〉和昌彼得所撰〈影印四庫全書的意義〉，見（清）永瑢、紀昀等纂修：《景印文淵閣四庫全書》，第一冊等。

〔註6〕 （元）脫脫等撰：《宋史》卷三百三十八，〈列傳第九十七〉，〈蘇軾〉，第三一冊，頁一〇八〇九；卷四百四十四，〈列傳第二百三〉，〈文苑六〉，〈黃庭堅〉，第三七冊，頁一三一一〇。

〔註7〕 許霽英撰：〈清乾隆朝文字獄簡表〉。

〔註8〕 郭成康、林鐵鈞撰：《清朝文字獄》，〈清朝文字獄縱橫談〉，〈一 文字獄的由來與特徵〉，頁9。

〔註9〕 王彬撰：《禁書·文字獄》，〈第三章 清及清以前的文字獄〉，〈1.文字獄定義〉，頁260至261。

〔註10〕喻大華撰：〈清代文字獄新論〉，載《遼寧師範大學學報》（社會科學版），一九九六年第一期，頁73。

應有的罪名，鍛煉成獄的。我們絕不能把凡是因牽涉到『文字』的有關案件，一律稱爲『文字獄』」〔註11〕。這些論辨，雖已注意到「文字獄」認定中的冗濫現象，卻未能就此問題形成確鑿的共識，存在著邏輯和推導尙欠縝密、定義與實際前後矛盾等不足之處。

筆者亦試爲論辨之。質言之，「文字獄」乃以文字著述及其所反映的思想或觀念爲立案與定讞之主要證據的政治和文化類罪案。所謂「文字」，指通常意義上的字、詞、句、文、書籍之屬，係世人政治或文化的思想或觀念的外在表現形式之一，既是「文字獄」的主題，也是其立案與定讞的主要證據。「獄」，《說文解字》弟十上：「獄，确也。從狀、從言。二犬，所以守也」、弟九下：「确，磬石也。從石，角聲」，爲監獄之義，應指當時法律意義上的政治和文化類罪案或獄案，指向事主或罪責承受之人，是「文字獄」的形式和結果。至於「文字之禍」、「文禍」、「筆禍」等名，本是前人對「文字獄」的別稱，但「禍」之義卻甚寬泛而籠統，《說文解字》弟一上：「禍，害也，神不福也。從示，咼聲」，弟七下：「害，傷也。從宀、從口，宀、口，言從家起也，丰聲」，爲世俗意義上的災殃、苦難、危害和損傷等，與前論具當時法律意義上的「獄」相比較，涵義實大有差別。

第二節　2002 年以前之研究史

清代爲中國帝制時代的終結，又是國史上文字獄最爲頻發的時代。此時代所發生的文字獄自然倍受治史者和公眾矚目，東西方學者皆有著述專論之。據筆者所知，近世最早的有關記述，見於日本學者增田貢《清史攬要》〔註12〕和佐藤楚材《清朝史略》〔註13〕。我國最早的相關著述，是梁啓超在〈論中國學術思想變遷之大勢〉中對雍正朝文字獄中重要人物呂留良的評述

〔註11〕趙志毅撰：〈清代文字獄辨〉，載《東南文化》，一九九七年第三期，頁 68 至 69。

〔註12〕〔日〕增田貢撰：《清史攬要》卷二，〈世宗皇帝〉，〈癸卯雍正元年〉，〈以謝際世爲御史尋誣其職〉條；〈己酉七年〉，〈湖南生員曾靜圖反伏誅〉條；第二冊，葉卅二正面、卅七正面等。

〔註13〕〔日〕佐藤楚材編輯：《清朝史略》卷四，記陳鵬年事蹟；卷五，記錢名世案、曾靜和呂留良案、查嗣庭案、方望溪事蹟；卷六，記謝濟世事蹟；第四冊，葉三十八正面至四十二正面；第五冊，葉十三背面至十四正面、十四背面至十五背面、十六、三十背面至三十二背面；第六冊，葉五十三至五十四等。

〔註14〕。繼之者有憂患餘生生〔註15〕、捫蝨談虎客〔註16〕、章炳麟〔註17〕和馬敘倫〔註18〕等人的論著。而這些著述，尤其是章炳麟的作品，多爲宣傳種族革命思想之用〔註19〕，尚不足以言研究。民國以後的百年之中，各種政治、社會和學術思潮隨時代而變化，受其影響，關於清代文字獄的研究出現過兩次高潮。民國時期，種族革命思想、反專制主義思潮興起，有關史料刊佈，大量的研究論著湧現。至新中國成立，「文化大革命」過後，學者懷切膚之痛，藉批判「文字獄」對知識階級的迫害，來反思「文化大革命」〔註20〕，抒發對言論自由的向往，從而掀起新一輪的研究高潮，迄今不衰。此項「文字獄」研究約可分爲如後的幾個方面〔註21〕。

　　清代文字獄總論，是研究的重要方面。民國時期，汪榮寶、許國英編《清史講義》認爲，文字獄起於士人涉及時事〔註22〕。劉法曾《清史纂要》稱，

〔註14〕 （民國）梁啓超撰：《飲冰室文集》之七，〈論中國學術思想變遷之大勢〉，〈近世之學術（起明亡以迄今日）〉，〈第一節　永曆康熙間〉，頁七八至七九，載氏著《飲冰室合集》，第 1 冊。據《飲冰室合集》，林志鈞編〈飲冰室合集目錄〉，〈文集目錄〉，此篇成於清光緒二十八年，第 1 冊，頁一六。

〔註15〕 憂患餘生生撰：〈乾隆間文字之獄〉。

〔註16〕 捫蝨談虎客編：《近世中國秘史》，第一編，〈康雍乾間文字之獄〉，頁三五至一○二。

〔註17〕 章炳麟撰：《訄書》（重訂本），〈哀焚書第五十八〉、〈哀清史第五十九〉、〈雜誌第六十〉等，載氏著《章太炎全集》（三），頁三二二至三三七等。辛亥革命前後，章炳麟復取《訄書》（重訂本）增刪，更名《檢論》，有關篇章的編排次序略有調整，内容卻並無變化，載氏著《章太炎全集》（三），頁四六七至四六九、五八二至五九六等。關於《訄書》（重訂本）和《檢論》的修訂、結集完成和初版時間，可參閲氏著《章太炎全集》（三），〈前言〉，頁八至一七。又，章炳麟撰：《太炎文錄初編》，〈文錄〉卷二，〈駁康有爲論革命書〉、〈討滿洲檄〉，載氏著《章太炎全集》（四），頁一七三至一八四、一八九至一九四等。

〔註18〕 馬敘倫撰：〈記鄭濤詩禍事〉。

〔註19〕 關於其時的種族革命思想，可參閲〔英〕馮客（Frank Dikötter）撰：《近代中國之種族觀念》（The Discourse of Race in Modern China）等。

〔註20〕 可參見潘允中撰：〈略談歷史上的文字獄〉、張友鸞撰：〈封建統治下的文字獄〉、郭維森撰：〈文網史話〉、原璞撰：〈古人談文字獄〉等。

〔註21〕 關於「文字獄」涵義的研究，已見前述，茲不贅言。又，後文評述各項研究狀況，其相關論著的出處或版次等，不復詳注，可參閲本書的〈主要徵引和參考文獻〉。

〔註22〕 （民國）汪榮寶、許國英編纂：《清史講義》，〈第二編　全盛時期〉，〈第十四章　康熙之政要〉，〈莊廷鑨及戴名世之文字獄〉；〈第十六章　雍正之内治及外交〉，〈查陸謝胡等之文字獄〉、〈曾靜之文字獄〉；〈第二十章　乾隆朝之政治〉，〈胡中藻之案〉；上冊，頁三一至二二、四四至四六、九四至九五等。

文字獄是君主所行的「壓制之策，奪言論自由之權」〔註 23〕。蔡郝《清代史論》謂，康熙朝文字獄摧鋤豪俊，是清聖祖寓猛於寬之政策；清世宗興文字獄是欲箝制輿論，束縛士林；而清高宗則欲以文字獄止謗〔註 24〕。佚名編《清史論》以為，清帝用文字獄摧折士氣〔註 25〕。蕭一山《清代通史》指出，康、雍、乾三朝文字獄起於排滿之思想與運動、誹議朝政及朋黨之爭〔註 26〕。魯迅認為，文字獄是清代文化統制的一部分，撰〈隔膜〉和〈買《小學大全》記〉二文，痛批清代文字獄的凶虐和清代文化統制的惡辣〔註 27〕。錢穆在《國史大綱》中更強調，清代文字獄是清廷對待漢人的一貫政策，且漸趨瑣細，給清代學術帶來負面影響〔註 28〕。陳安仁編《中國近代政治史》認為，康熙藉屢興文字獄消滅漢族士氣，而雍正朝文字獄的發生則與君主素性忌刻有關〔註 29〕。新中國時期，特別是「文化大革命」結束後的幾年間，藉此反思「文革」的主要成果有：韋慶遠〈重讀《清代文字獄檔》〉、朱眉叔〈清前期的文字獄〉（上、下）、王思治〈明清文字獄簡論〉、孔立〈論清代的文字獄〉、金性堯〈二百年前的文壇恐怖〉、張躍銘〈清代文字獄簡論〉、錢昌明〈明清文字獄案例〉、邱遠猷和薛梅卿〈從清代文字獄看康乾「盛世」的「法治」〉等文與孔立《清代文字獄》一書等。之後，批判清代文字獄迫害知識階級和魯迅所認為的文字獄是清代文化統制的一部分的觀點得到繼承和發展，成為近

〔註 23〕 （民國）劉法曾撰：《清史纂要》，〈第三章　極盛時期〉，〈第十三節　康熙雍正以來文字之禍〉，頁六九至七三等。

〔註 24〕 （民國）蔡郝撰：《清代史論》卷五，〈康熙朝〉，〈戴名世南山集之獄〉；卷六，〈雍正朝〉，〈文字獄之迭興〉：第三冊，葉十至十一、葉十三至十四；卷七，〈乾隆朝〉，〈胡中藻徐述夔王錫侯之獄〉，第四冊，葉十六背面至十七背面等。

〔註 25〕 （民國）佚名編：《清史論》，〈雍正朝〉，〈論文字之獄〉，兼論及康熙朝文字獄，頁 93 至 95 等。

〔註 26〕 蕭一山撰：《清代通史》卷上，〈第五篇　康熙時代之武功及政教〉，〈第二十八章　雍正之內治〉，〈百拾貳　雍正之讖獄〉，〈（三）誹議朝政之文字獄〉：〈第二十九章　排滿之思想與運動〉，〈百拾柒　康熙時代之文字獄〉、〈百拾捌　呂留良之獄與胤禛之死〉：卷上之二，頁八○至八二、九九至一○九等。又，同書卷中，〈第一篇　乾隆之鼎盛及嘉慶之中衰〉，〈第一章　鼎盛時期之政治〉，〈三　朋黨及詩讖〉、〈肆　種族之偏見與文網〉，卷中之一，頁一一至二五等。

〔註 27〕 二文原刊時間和刊物，可參閱《魯迅全集》，第六卷，頁 44、58 之注釋。

〔註 28〕 錢穆撰：《國史大綱》，〈第八編　清代之部〉，〈第四十三章　狹義的部族政權之再建（下）〉，〈五　清代對待漢人之態度〉：〈第四十四章　狹義的部族政權下之士氣清代乾嘉以前之學術〉：下冊，頁五九六至五九八、六一○至六二○等。

〔註 29〕 陳安仁編：《中國近代政治史》，〈第二章　滿清盛時的政治設施〉，頁三七至三八、四三等。

幾十年研究清代文字獄的基調。這時期的主要論著還有：馮天瑜〈明清文字獄述略〉、黃裳《筆禍史談叢》、金性堯《清代筆禍錄》、郭成康和林鐵鈞《清朝文字獄》、張書才和杜景華主編《清代文字獄案》、白新良〈乾隆朝文字獄述評〉、唐玉萍〈清朝康熙、雍正、乾隆時期的文字獄及禁書簡論〉、漆永祥《乾嘉考據學研究》〔註30〕、霍存福〈從文字獄看弘曆的思想統治觀念〉、〈弘曆的意識與乾隆朝文字獄〉等。

清代文字獄個案研究，是一項極為重要的基礎性研究。二十世紀初，日本學者稻葉君山和我國學者孟森對康、雍、乾三朝發生的部分文字獄個案的史實都有較細緻的考述〔註31〕。王桐齡《中國史》，第四編（上卷），記述清初至乾隆各朝文字獄二十五起，並附〈清代文字獄表〉，分〈帝號〉、〈興獄年月〉、〈西曆〉、〈禍源〉、〈肇禍者〉、〈肇禍者籍貫〉、〈告發人〉等欄目，錄世祖至高宗時期發生之獄案二十八起〔註32〕。美國學者 Luther Carrington Goodrich（漢名富路德或傅路德等）的專著 *The Literary Inquisition of Ch'ien-, Lung*，主要以乾隆朝文字獄為研究對象，涉及康、雍兩朝文字獄和乾隆時期的禁書問題，書後附存世禁書目錄〔註33〕。賈逸君〈清代文字獄考略〉，對當時所知的清代文字獄個案有初步的考述。歸靜先編《清代文讞紀略》，是一部記敘清代文字獄案的論著，錄康熙、雍正、乾隆和光緒等四朝獄案共三十一起。至二十世紀中後期，日本學者小野和子〈清初の思想統制をめぐっ

〔註30〕 漆永祥撰：《乾嘉考據學研究》，〈第二章　乾嘉考據學成因（下）——乾嘉時期的社會面貌與文化政策〉，〈三　禁書與文字獄〉，頁68至81。

〔註31〕 〔日〕稻葉君山撰：《清朝全史》第三十七章至第四十二章，上冊。（民國）孟森撰：〈字貫案〉、〈閒閒錄案〉、〈科場案〉、〈彭家屏收藏明季野史案〉、〈皇明遺民傳序〉、〈書明史鈔略〉等。又，（民國）孟森撰：《清史講義》，〈第二編　各論〉，〈第三章　全盛〉，〈第七節　世宗兄弟間之慘禍〉、〈第九節　雍乾之學術文化下　儒學〉，述及謝濟世注《大學》案、陸生枏《通鑑論》案和尹嘉銓為父請諡案，頁三五〇、三八三至三八九等。

〔註32〕 王桐齡撰：《中國史》，第四編（上卷），〈第四編　近世史　西力東漸時代〉，〈第二章　清初之內治〉，〈第四節　鰲拜之專權與聖祖初年之高壓政策〉；〈第九章　康熙時代之內治〉，〈第五節　康熙時代之文字獄〉；〈第十二章　雍正時代之內治〉，〈第三節　雍正時代之文字獄〉；〈第二十一章　乾隆時代之內治〉，〈第二節　乾隆時代之文字獄〉，頁一七至二二、一〇三至一〇六、一二六至一三〇、二〇七至二一九等。

〔註33〕 相關評論，可參閱雷海宗撰：〈*The Literary Inquisition of Ch'ien-Lung*, Luther Carrington Goodrich, Waverly Press, Inc., Baltimore, U.S.A., 1935. pp.xii+275〉（書評）。

て），爲研究順治、康熙和雍正三朝對知識階級的統治政策及其演變過程之作，述及此三朝的一些文字獄案。鄧之誠《中華二千年史》卷五中，附有〈清代文字獄簡表〉，分〈案由〉、〈時期〉、〈事略〉、〈定讞〉、〈備考〉等欄目，錄獄案八十二起，比較簡明〔註34〕。郭成康、林鐵鈞《清朝文字獄》，分〈清朝文字獄縱橫談〉、〈清朝文字獄要案始末〉、〈清朝文字獄大事記〉和〈附錄〉四大部分，其中〈清朝文字獄要案始末〉敘述順治、康熙、雍正、乾隆和光緒各朝重要的獄案二十二起，〈清朝文字獄大事記〉則言及順治、康熙、雍正、乾隆、嘉慶和光緒六朝〔註35〕。張書才、杜景華主編《清代文字獄案》，記載康熙、雍正和乾隆等三朝獄案共八十六起。胡奇光《中國文禍史》、楊乾坤《中國古代文字獄》，亦設有專題，從前人之說，論述和批判清代文字獄個案。

　　除前揭各論著之外，清代各朝文字獄個案及獄案事主和涉案文字著述等專題性研究，也頗爲可觀。清代各朝文字獄個案研究，以朝代先後言之。在順治朝文字獄個案研究方面，白堅〈龔賢和剩上人——兼談清朝最早的文字獄：南京函可之獄〉和楊積慶〈剩和尚之獄及其它〉二文，將清代文字獄案發生的時間最早推至順治四年。在康熙朝文字獄個案研究方面，朱襄廷《莊史案輯論》，是第一部研究清代康熙朝文字獄個案的專著，詳考莊廷鑨明史案的本末、部分涉案人員等情況；周延年《莊氏史案考》，利用大量清人文集、筆記、日記、方志、家譜等材料來考證本案；楊鴻烈〈清代莊史案之重鞫〉，則從法律角度和前人的研究基礎上再次剖析莊廷鑨《明書輯略》案；而周黎庵〈清初鎮壓士氣的三大獄〉、王少華〈關於清代莊氏史獄〉、岳成〈清朝最早的文字獄——明史案〉、錢茂偉〈莊廷鑨修史考論〉和簡究岸〈清康熙初年湖州莊廷鑨私修明史案〉等文，也有一定的研究參考價值。許霽英〈戴名世南山集之獄〉、日本大谷敏夫〈戴名世斷罪事件の政治的背景——戴名世・方苞の學との關連において〉、王樹民〈《南山集》案的透視〉和〈曲折發展的《南山集》案及其餘波〉等文，是研究戴名世《南山集》案的佳作；張玉〈從新發現的檔案談戴名世《南山集》案〉，總結已往的研究成績，復以新發現的史料相補充。在雍正朝文字獄個案研究方面，顧眞〈查嗣庭案緣由與性質〉、

〔註34〕鄧之誠撰：《中華二千年史》卷五，〈明清中〉，所附〈清代文字獄簡表〉等，卷五中第一分冊，頁一一三至一三九等。此書明清之部爲新中國時期補纂和刊行。
〔註35〕相關評論，可參閱鄭秦撰：〈清代文字獄研究新成果〉。

楊乃濟〈從查嗣庭文字獄案談文字遊戲〉和簡究岸〈清初查嗣庭「試題」案〉
等文，考實查嗣庭「試題」案的真相。簡究岸〈清雍正初年汪景祺《西征隨
筆》「逆書」案〉，重述汪景祺《讀書堂西征隨錄》案。許霽英〈清史雜錄（一）〉
和上海書店出版社編《〈名教罪人〉談》，論述的是錢名世「名教罪人」案。
日本學者小野川秀美〈雍正帝と大義覺迷錄〉、韓國學者閔斗基〈清朝的皇帝
統治與思想統制的實際——以曾靜謀逆事件與《大義覺迷錄》為中心〉和澳
大利亞學者費思堂（T. S. Fisher）〈清代的文字迫害和「製造異己」模式〉等
文，都是以雍正朝曾靜、呂留良案為中心，探討清代文字獄和清廷的統治政
策，以及事主的思想和心態等問題；許曾重〈曾靜反清案與清世宗胤禛統治
全國的大政方針〉、莊嚴〈雍正駁華夷之辨〉、倪軍民〈雍正帝赦免曾靜策
反案發微〉、簡究岸〈清雍正朝浙江呂留良「謀逆」案——曠古未有的「文字
獄」〉（上、中、下）、王俊義〈雍正對曾靜、呂留良案的「出奇料理」與呂留
良研究——兼論文字獄對清代思想文化發展之影響〉和簡究岸〈為呂留良鳴
冤獲罪的齊周華文字獄〉等文，也對曾靜、呂留良案及其有關獄案有所考
論。在乾隆朝文字獄個案研究方面，繆文功據清代官書、私家記載和徐氏宗
譜等材料，撰成《徐述夔詩獄考》；劉文林〈清代的兩大詩禍〉，論清代詩禍，
「多半是因反對滿族而起」，並輯錄出胡中藻《堅磨生詩鈔》案和徐述夔《一
柱樓詩集》案的資料；蔣端生〈清代文字獄〉，專記胡中藻《堅磨生詩鈔》案；
君實〈清代文字獄〉，縱論徐述夔《一柱樓詩集》案和仲繩《奈何吟》案；相
關文章尚有，釋靈石〈東臺徐述夔一柱樓詩獄考〉、王煦〈二百年前的一起文
字獄——記徐述夔《一柱樓詩集》案〉、陳翔華〈徐述夔及其《一柱樓詩》獄
考略〉和郭成康〈《字貫》、《一柱樓詩》兩案與乾隆查辦禁書〉等。許霽英〈清
史雜錄（四）〉，著重論述馮起炎呈文案。周黎庵曾分別撰〈清代文字獄瑣談〉、
〈文字獄的株連性〉二文，對丁文彬逆詞案和齊召南跋齊周華《天臺山遊記》
案略作介紹。陳東林、徐懷寶〈乾隆朝一起特殊文字獄——「偽孫嘉淦奏稿
案」考述〉，侯月祥〈關於清文字獄中的梁三川《奇冤錄》案〉、〈清代屈大均
文字獄案始末〉和〈清代廣東四宗文字獄案述略〉，歐安年〈屈大均「文字獄」
案真相暨釋疑〉，納國昌〈清代回族伊斯蘭文字獄：海富潤案件始末〉等，各
自考辦相應獄案的史實，取得不少成績。在其他各朝或各類文字獄個案研究
方面，則有杜吉華〈清代蘇籍官民以文觸獄述略〉，馮怡〈從《蘇報》案看清
朝的文字獄〉等文。

　　獄案事主和涉案文字著述等研究，應是清代文字獄個案研究的重點。梁啓超就在其著作中多次論及清代文字獄及其事主〔註 36〕。朱希祖〈屈大均傳〉、何天傑〈屈大均的儒學情結〉和〈並不標準的遺民──屈大均晚年的政治態度〉、曾漢棠〈《明季南都殉難記‧屈大均先生傳》辨正〉、羅志歡〈屈大均整理廣東古代文獻的業績和成就〉等，是研究屈大均生平事蹟、政治和學術思想與活動的主要作品。葉秋原〈讀西征隨筆箚記〉，嘗試從汪景祺的人品性格來分析文字獄個案的成因。一士〈清初文字獄與沈近思〉，指出清初文字獄與沈近思的關係。容肇祖〈呂留良及其思想〉，以呂留良的生平、思想及其社會生活等爲論述主題。錢穆在《中國近三百年學術史》中亦詳細闡釋呂留良的學術思想等〔註 37〕。包賚有《呂留良年譜》。研究呂留良的論文另有：尉之嘉〈民族思想家呂留良及其影響〉、楊向奎〈論呂留良〉、陳祖武〈呂留良散論〉和卞孝萱〈鄭板橋與呂留良〉等。劉綬松《〈南山集〉及其作者》、賀玨〈戴南山及其思想的初步考察〉、王凱符和漆緒邦〈戴名世論〉、俞樟華〈論戴名世與司馬遷〉、盧佑誠〈戴名世死因新說〉、鍾揚〈《戴氏宗譜》與戴名世研究〉和候虎虎〈略論戴名世的史學思想〉等，對戴名世的生平、學術思想和性格等有較深入的研究。汪宗衍《明末剩人和尚年譜》，是考述函可的家世、生平、思想及活動等的寫實之作。至於其他涉案人物的文章有，謝國楨〈莊氏史案參校諸人考〉、史操〈滿清文化思想統制──兼記明末清初幾個有操守的學人〉、王璞〈犧牲於清代文字獄裏的青年史家吳炎與潘檉章〉、武公

〔註36〕（民國）梁啓超撰：《飲冰室專集》之七十五，〈中國近三百年學術史〉，〈二　清代學術變遷與政治的影響（上）〉、〈三　清代學術變遷與政治的影響（中）〉、〈八　清初史學之建設〉、〈九　程朱學派及其依附者〉、〈十二　清初學海波瀾餘錄〉、〈十五　清代學者整理舊學之總成績〉，頁一五至一七、一九至二一、八五、一○四、一七三至一七六、二七二至二七四、三三一等，載氏著《飲冰室合集》，第 10 冊。據《飲冰室合集》，林志鈞編〈飲冰室合集目錄〉，〈專集目錄〉，此篇成於民國十三年，第 6 冊，頁六六。又，《飲冰室文集》之四十四（下），〈書籍跋〉，〈戴南山子遺錄〉，頁一四，載氏著《飲冰室合集》，第 5 冊。據《飲冰室合集》，林志鈞編〈飲冰室合集目錄〉，〈文集目錄〉，此跋成於民國十二年，第 1 冊，頁一○○。又，《飲冰室文集》之四十一，〈明清之交中國思想界及其代表人物〉，頁三五，載氏著《飲冰室合集》，第 5 冊。據《飲冰室合集》，林志鈞編〈飲冰室合集目錄〉，〈文集目錄〉，此篇成於民國十三年，第 1 冊，頁八○。
〔註37〕錢穆撰：《中國近三百年學術史》，〈第二章　黃梨洲附陳乾初　潘用微　呂晚村〉，〈三　呂晚村〉，上冊，頁六九至八七等。

《《一柱樓》詩獄述聞——談清初民族詩人徐駿雅及其遺詩〉、李興盛〈清初三次遣戍黑龍江地區的桐城方氏一家〉、柯愈春〈據《清代文字獄檔》考李驎的卒年〉、龔維英〈方苞下獄眞正因由淺議〉、李淩閣〈呂留良後裔在東北——清代文字獄一例〉和張捷夫〈謝濟世及其注書案〉等。在涉案文字著述的研究方面，主要論著有：語堂〈《大義覺迷錄》〉、上海書店出版社編《〈大義覺迷〉談》、王楚雲〈《大義覺迷錄》爲什麼成了禁書〉、盧興基〈康熙手抄本《含章館詩集》的發現與「黃培詩案」〉、許永璋〈《古史詩鍼》應是戴名世所作〉〔註38〕、何冠彪〈戴名世著作考略〉〔註39〕、魯海和時桂山〈黃培文字獄與《含章館詩集》〉、寒冬虹〈屈大均與《廣東新語》〉、王樹民〈《戴名世遺文集》前言〉，以及拙作〈胥庭清和《聽江冷署》〉等。

清代文字獄的評價和影響等，是研究中的熱門論題。民國時期，柳詒徵《中國文化史》認爲，清代文字獄摧殘文化，使「志節之士，蕩然無存。有思想才能者，無所發泄，惟寄之於考古，庶不干當時之禁忌」〔註40〕。錢穆《國學概論》以爲，清代屢興文字獄與乾、嘉「漢學」的興盛有著一定的因果關係〔註41〕；其《國史大綱》更指出，清代文字獄給清代學術帶來負面之影響〔註42〕。陳登原《古今典籍聚散考》〔註43〕、郭伯恭《四庫全書纂修考》〔註44〕、韋燕章〈修志困難與清代文網之關係〉，均論及清代文字獄對中國傳統典籍聚散和纂修的不良影響。新中國時期，段熙仲、潘君昭〈《儒林外史》和文字獄〉，申論清代小說與文字獄之間的聯繫。謝剛〈《明夷待訪錄》

〔註38〕之前，王樹民有〈《古史詩鍼》是誰作的〉一文，對《古史詩鍼》的作者是否戴名世提出疑義。

〔註39〕之前，關於戴名世的研究狀況，可參閱此文注釋，不贅言。

〔註40〕柳詒徵撰：《中國文化史》，〈第三編　近世文化史〉，〈第八章　康乾諸帝之於文化〉，下冊，頁三五五至三六〇等。

〔註41〕錢穆撰：《國學概論》，〈下篇〉，〈第九章　清代考据學〉，頁二六六至二六七等。此書原成書時間及文字有無變動等問題，可參閱北京中華書局本書首之〈弁言〉和〈再版附識〉。

〔註42〕錢穆撰：《國史大綱》，〈第八編　清代之部〉，〈第四十三章　狹義的部族政權之再建（下）〉，〈五　清代對待漢人之態度〉；〈第四十四章　狹義的部族政權下之士氣清代乾嘉以前之學術〉；下冊，頁五九六至五九八、六一〇至六二〇等。

〔註43〕陳登原撰：《古今典籍聚散考》，〈第六章　清代文字之獄與典籍聚散〉，頁六八至八五等。

〔註44〕郭伯恭撰：《四庫全書纂修考》，〈第二章　寓禁於徵之實際情形〉，〈三　禁書範圍之擴大與文字獄〉，頁二七至三八。

與清初文字獄〉稱，清初文字獄是當時政治社會中統治階級內部矛盾的表現。傅貴九〈清朝修志與文字獄〉、侯月祥〈清代文字獄與廣東志書〉、劉淑敏〈論清代文字獄對圖書事業的影響〉、楊林〈試析莊氏史案對清初私家修史的影響〉、張傑〈《四庫全書》與文字獄〉、劉國榮〈清朝文字獄與檔案史料編纂〉、美國學者 R. Kent Guy 的 *The emperor's four treasuries: scholars and the state in the late Ch'ien-, Lung era*、黃愛平《〈四庫全書〉纂修研究》〔註45〕等論著，也多從中國傳統典籍的編纂和存亡的視角，來討論清代文字獄對中國傳統文化事業所起的消極作用。郭成康、林鐵鈞《清朝文字獄》認為，清代文字獄主要發生於「康乾盛世」時期，「卻給爾後的中國社會投下了濃重的陰影」，「清統治者屬行文化專制，大興文字獄」，此惡政影響後世的世風士氣〔註46〕。李一蠡〈明末黨社與清朝文字獄——明清超集權主義的流變及歷史影響〉極論，明末黨社運動是對超高度集中的皇權的反動，清朝文字獄卻是對這種進步思潮的全面反動。李海生〈論順康兩朝的文化政策及其對漢族知識份子的影響——兼論清代學問由經世之用轉向考據之實〉，則仍從前人之說。

第三節　回顧與反思

　　關於清代文字獄的研究，涉及的方面自較廣泛，至 2002 年初的成果已相當之多，而其可商榷之處亦甚多。如，在總論方面，學者均執嚴酷的觀點，或認為文字獄是清帝迫害知識階級的暴政，或以為文字獄是清廷文化專制主義的表徵，最終目的為維護其統治。這誠然是毋庸贅言的正論，卻近似「放之四海皆準」的皮相之談，尚須用更深徹詳密的理論相闡釋。又如，在個案、事主和涉案文字著述等研究方面，文字獄獄案的認定，言人人殊，亟須達成共識，重加檢視，存在錯誤歸納者，即當擯除復原，發現闕略不實者，自宜蒐輯新、舊史料，比勘參證，析疑辨惑，經謹慎考定之後，方可拾遺補正，以免臆斷或誇誕，貽誤客觀研究的結論。又如，在評價和影響方面，文字獄負世間惡名，為後人激烈批評，固屬應有之道義，但於清代文化史和學術史，

〔註45〕可參閱黃愛平撰：《〈四庫全書〉纂修研究》，〈第三章　禁書與文字獄〉，頁40至100。

〔註46〕郭成康、林鐵鈞撰：《清朝文字獄》，〈清朝文字獄縱橫談〉，〈七　清代文字獄對中國社會的影響〉，頁56至65。

其影響程度，是否悉如前人成見，尤待循名責實，做理性的反思、邏輯的斟酌與適切的估量〔註47〕。

　　筆者爲相關研究論著所啓發〔註48〕，認爲清代文字獄的出現，實關乎清廷建立「正統」之業。中國的「正統」，原是政治之統系，其涵義或源於上古時代的「五德終始」說和「大居正」、「大一統」說〔註49〕。唐代，韓愈別立「道統」，述儒家授受的源流，序堯、舜、禹、湯、文、武、周公、孔、孟之傳承，爲文化之統系〔註50〕。宋代以後，「正統」之義稍變，道義和文化的涵義高漲，五德終始和政治的涵義衰減。元人楊奐就主張，「以德行仁者王」、「王道之所在，正統之所在也」〔註51〕。至元末，楊維楨變政治之統系爲「治統」，提出「正統」應「出於天命、人心之公」、「道統者，治統之所在也」〔註52〕。「正統」始具新義，乃由「治統」與「道統」兩者配合而成。

　　清世祖順治、聖祖康熙和世宗雍正三朝，是清廷統治中國的奠基時代。在此時代之中，清代君主從確立其「治統」，到維護其「道統」，終合「治」、「道」於一，成爲「正統」，並以之宰制天下。入關之初，清廷以軍事之征服，定鼎中國，於文化領域，輒取漢化之策略，恢復科舉，進用漢官，鼓吹「滿漢一體」等，以底定人心。世祖成年之後，傾心漢化，修身治國，多依從漢法，漸著成效〔註53〕。至聖祖御宇，內則「稽古」，習治經典，設立經筵日講

〔註47〕　如，漆永祥撰：《乾嘉考據學研究》，〈第二章　乾嘉考據學成因（下）──乾嘉時期的社會面貌與文化政策〉，〈三　禁書與文字獄〉云：「50年代以來，對乾嘉學術的討論曾幾度掀起熱潮」，「考據學興盛之因，仍是高壓說的天下且誇大到了極致。近十餘年來才稍有變化，學者開始從多角度探討考據學興盛之成因，但高壓說仍佔主要地位且被屢屢強調」，「筆者認爲，乾嘉考據學的興盛，與禁書和文字獄並無直接的因果關係。自來對乾嘉考據學的探討，受政治影響太大，將一代學術的興盛歸結爲某一外在的原因，既不足說服人心，也與事實不符」，頁80至81，已有所反思。

〔註48〕　如，〔美〕余英時撰：《士與中國文化》；黃進興撰：〈清初政權意識形態之探究：政治化的道統觀〉、〈道統與治統之間：從明嘉靖九年（1530）孔廟改制論皇權與祭祀禮儀〉等。

〔註49〕　詳參饒宗頤撰：《中國史學上之正統論》等。後文亦多取資於饒氏等作，論述則著以己義而與之大有異同。

〔註50〕　（唐）韓愈撰：《韓昌黎文集》第一卷，〈賦　雜著〉，〈原道〉，載《韓昌黎文集校注》，頁七至一一。

〔註51〕　（元）蘇天爵編：《元文類》卷之三十二，〈序〉，〈正統八例總序〉，上冊，頁四一七。

〔註52〕　（明）貝瓊撰：《清江貝先生文集》卷之二，〈雲間集〉，〈鐵崖先生傳〉。

〔註53〕　參閱周遠廉撰：《順治帝》等。

制度，探索義理，尊崇「帝王心法」、「知行合一」，外則「右文」，創辦博學鴻詞科，徵召山林隱逸，開設明史史局，編纂《古今圖書集成》等〔註54〕，晚年更倡言「自古得天下之正，莫如我朝」之說，為清室爭取「正統」〔註55〕。聖祖之所為，於「敬天法祖」的世宗大有影響。世宗愈加尊禮孔子，崇尚名教，極力融合儒家的思想與統治之術，鞏固其「正統」的權威〔註56〕。與之雖相反而適相成者，清帝復藉文字獄，熔鑄「治」、「道」，用政治和文化上的至高威權，宰制世人，以成就其「正統」的理想。其遞變之路，於後世實具深遠的意義。

職是之故，茲選取清世祖順治、聖祖康熙和世宗雍正三朝所發生的若干公認的文字獄個案，利用現已刊佈的清代官方檔案、起居注、實錄、人物傳記、方志、清人文集和私家筆記、家譜和年譜等材料，在汲取前人成果的基礎上，透過對史料的再發掘、對個案史事的考述等傳統治學方法，結合中國政治和文化領域中的「治統」、「道統」與「正統」之說，討論清代前期的政治與文化統制問題，及其中蘊含的「治統」、「道統」與「正統」之關係，或能表見清代政治與文化嬗變的軌跡，助益於當代的學術研究。

〔註54〕 參閱孟昭信撰：《康熙大帝全傳》；蔣兆成、王日根撰：《康熙傳》；高翔撰：《康雍乾三帝統治思想研究》等。

〔註55〕 （清）朱軾等奉敕修：《大清聖祖仁皇帝實錄》卷之二百七十五，康熙五十六年丁酉十一月辛未條，影印本《清實錄》第六冊，頁六九五。

〔註56〕 參閱黃進興撰：〈清初政權意識形態之探究：政治化的道統觀〉，載《中央研究院歷史語言研究所集刊》，第五十八本第一分，頁 119。

第二章　順康兩朝文字獄個案研究

　　從意識形態方面而言，「治統」和「道統」，是宰制中國傳統社會的兩大統系，具有政治和文化上的至高威權〔註1〕。明、清之間，王夫之有言：「天下所極重而不可竊者二：天子之位也，是謂治統；聖人之教也，是謂道統」〔註2〕。「治」、「道」相合，爰成「正統」，則是宋、元以後儒家和帝王的最高理想。入關定鼎以後，清代君主即將其政治上的威權延至文化領域〔註3〕。而文字獄正是政治威權向文化威權擴張的具象之一。

　　清代，世祖順治朝和聖祖康熙朝，是清代文字獄的發軔時期，也是清代君主用文字之獄確立和維護其「治統」之始。本章選取順治、康熙兩朝所發生的函可文稿案、孫曙等坊刻制藝序案、莊廷鑨《明書輯略》案、戴名世《南山集》案等四起文字獄個案，以論述清代君主藉文字獄之威，在文化領域中宣示和鞏固其「治統」的歷程。

第一節　函可文稿案及其餘波

　　函可文稿案發生於清世祖順治四年秋、冬之際。據《大清世祖章皇帝實錄》載，這年十一月十五日，因招撫江南大學士洪承疇奏云：

〔註1〕 黃進興撰：〈道統與治統之間：從明嘉靖九年（1530）孔廟改制論皇權與祭祀禮儀〉，載《中央研究院歷史語言研究所集刊》，第六十一本第四分，頁917。

〔註2〕 （清）王夫之撰：《讀通鑑論》卷十三，〈（東晉）成帝〉之七，中冊，頁四〇八。

〔註3〕 黃進興撰：〈清初政權意識形態之探究：政治化的道統觀〉，載《中央研究院歷史語言研究所集刊》，第五十八本第一分，頁一〇五至一〇六、一二〇至一二一。

犯僧函可係故明禮部尚書韓日纘之子，日纘乃臣會試房師。函可出家多年，於順治二年正月內，函可自廣東來江寧，刷印藏經，值大兵平定江南，粵東路阻未回，久住省城，臣在江南從不一見，今以廣東路通回里，向臣請牌，臣給印牌，約束甚嚴，因出城門盤驗，經笥中有福王答阮大鋮書稿，字失避忌，又有《變記》一書，干預時事，函可不行焚毀，自取愆尤，臣與函可有世誼，理應避嫌，情罪輕重，不敢擬議。其僧徒金獵等四名原係隨從，歷審無涉，臣謹將原給牌文及函可書帖封送內院，乞敕部察議。

有旨：

洪承疇以師弟情面，輒與函可印牌，大不合理，著議處具奏。

函可等，著巴山、張大猷差的當員役拏解來京。〔註4〕

這是現所公認的清代第一起文字獄案，事關清廷在文化領域中爭取世人對其「治統」的認同。

函可，俗家姓韓，原名宗騄，字猶龍〔註5〕，廣東惠州府博羅縣人〔註6〕，明禮部尚書韓日纘長子，生於明萬曆三十九年十二月初三日〔註7〕，《廣東通志》稱他「八歲習儒，性甚頑頓」，《韓氏族譜》等則說他「性聰穎義俠」，其青少年時期深受佛道思想的影響，好吟詠，獨喜杜甫的史詩之作。後宗騄補博士弟子，性喜結客，「有康濟天下之志」〔註8〕，致「聲名傾動一時，海內名人以不獲交韓長公騄為恥」〔註9〕。明崇禎八年五月十八日，韓日纘病逝，後諡文恪〔註10〕。宗騄入都奔喪，「哀毀未嘗一日間」〔註11〕，在「扶父櫬過

〔註4〕（清）圖海等奉敕修：《大清世祖章皇帝實錄》卷之三十五，順治四年丁亥十一月辛亥條，影印本《清實錄》第三冊，頁二八四至二八五。

〔註5〕《韓氏族譜》（博羅），〈家傳第四〉，〈第十二世〉，〈長房〉，〈福宦宗騄〉：〈大傳第五〉，〈猶龍公傳〉。

〔註6〕（清）金光祖纂修：《廣東通志》卷之二十六，〈仙釋方伎附〉，〈釋傳〉，〈惠州府〉，〈函可禪師〉。又，蔡鴻生撰：《清初嶺南佛門事略》，〈第三章　清初嶺南僧臨終偈分析〉，〈三　剩人和尚臨終偈〉，稱函可為是縣浮碇崗人，頁56，未知何據。俟考。

〔註7〕《韓氏族譜》（博羅），〈家傳第四〉，〈第十二世〉，〈長房〉，〈福宦宗騄〉：〈大傳第五〉，〈猶龍公傳〉。汪宗衍撰：《明末剩人和尚年譜》，〈明萬曆三十九年辛亥（西元一六一一）　一歲〉條，考韓宗騄生於當年「十二月初四日」，頁三。

〔註8〕（清）陳伯陶撰：《勝朝粵東遺民錄》卷四，轉引自謝正光、范金民編：《明遺民錄彙輯》，〈僧道類〉，下冊，頁一二八六。

〔註9〕（清）函可撰：《千山詩集》卷首，函昰〈千山剩人可和尚塔銘〉。

〔註10〕《韓氏族譜》（博羅），〈家傳第四〉，〈第十一世（長房）福宦日纘〉；〈大傳第

閶門」時，「失足墮水中，幾死」〔註12〕，更「見國事日非」〔註13〕，「閉戶絕交遊，悒悒無人生趣」〔註14〕，在少時所感受的佛道思想、其時嶺南佛教興盛，以及家庭好佛的環境等〔註15〕影響之下，遂「悟人世幻泡，益絕意功名」〔註16〕，產生遁世之念。經過三年多的悟道和磨練，宗騋於崇禎十二年六月十九日剃髮出家，入曹溪名宿道獨空隱門下，法名函可，字祖心，「以世度滄桑，號剩人」，時年二十九〔註17〕。

出家後，函可曾一度虔心於佛事〔註18〕。至崇禎十七年三月，李自成「氈笠縹衣，乘烏駁馬」入北京，明廷北都傾覆，史稱「甲申之變」〔註19〕。當時，函可正「以友急難，出嶺營救，寓金陵」〔註20〕，得此消息，「悲慟形辭

五〉、〈文恪公傳〉。郭成康、林鐵鈞撰：《清朝文字獄》，〈清朝文字獄要案始末〉，〈一　以文獲罪的第一個罹難者——函可《變記》案〉，稱：「明崇禎九年，其父病死北京」，頁76，誤；下所云韓宗騋出家之年亦因此誤。

〔註11〕 （清）函可撰：《千山詩集》卷首，函昰〈千山剩人可和尚塔銘〉。

〔註12〕 《韓氏族譜》（博羅），〈大傳第五〉，〈猶龍公傳〉；（清）金光祖纂修：《廣東通志》卷之二十六，〈仙釋方伎附〉，〈釋傳〉，〈惠州府〉，〈函可禪師〉。

〔註13〕 （清）陳伯陶撰：《勝朝粵東遺民錄》卷四，轉引自謝正光、范金民編：《明遺民錄彙輯》，下冊，頁一二八六。

〔註14〕 （清）函可撰：《千山詩集》卷首，函昰〈千山剩人可和尚塔銘〉。

〔註15〕 可參蔡鴻生撰：《清初嶺南佛門事略》、姜伯勤撰：《石濂大汕與澳門禪史——清初嶺南禪學史研究初編》。又，函可一家俱好佛釋，見（清）陳伯陶撰：《勝朝粵東遺民錄》卷四，轉引自謝正光、范金民編：《明遺民錄彙輯》，下冊，頁一二九〇至一二九一。

〔註16〕 （清）金光祖纂修：《廣東通志》卷之二十六，〈仙釋方伎附〉，〈釋傳〉，〈惠州府〉，〈函可禪師〉。

〔註17〕 （清）函可撰：《千山詩集》卷首，函昰〈千山剩人可和尚塔銘〉。

〔註18〕 可參（清）函可撰：《千山詩集》卷首，函昰〈千山剩人可和尚塔銘〉、郝浴〈奉天遼陽千山剩人可禪師塔碑銘〉；（清）金光祖纂修：《廣東通志》卷之二十六，〈仙釋方伎附〉，〈釋傳〉，〈惠州府〉，〈函可禪師〉；（清）陳伯陶撰：《勝朝粵東遺民錄》卷四，轉引自謝正光、范金民編：《明遺民錄彙輯》，下冊，頁一二八六等。

〔註19〕 （清）張廷玉等撰：《明史》卷二十四，〈本紀第二十四〉，〈莊烈帝二〉；卷三百九，〈列傳第一百九十七〉，〈流賊〉，〈李自成傳〉；第二冊，頁三三四至三三六；第二六冊，頁七九六四至七九六五等。

〔註20〕 （清）金光祖纂修：《廣東通志》卷之二十六，〈仙釋方伎附〉，〈釋傳〉，〈惠州府〉，〈函可禪師〉。據（清）函可撰：《千山詩集》卷首，郝浴〈奉天遼陽千山剩人可禪師塔碑銘〉云：「甲申、乙酉間，僑於金陵顧子之樓」，而（清）函可撰：《千山詩集》卷九，又有七言律一首〈甲申歲除寓南安〉，則可知函可於甲申、乙酉間曾兩至南京，皆居其友顧夢遊樓上。今治史者均未察，而僅謂函可於乙酉至南京。

色」〔註21〕。同年，函可南還，聞李自成敗，福王朱由崧即位南京，以爲復興有望，於歲除寓南安時賦詩云：

> 梅花嶺下小溪邊，寒盡孤僧淚獨漣。衲底尚存慈母線，擔頭時展美人篇。

> 先皇歲月餘今夕，故國風光憶去年。香冷夜深松火息，萬方從此靜烽煙。

次年元旦，又因弘光紀元始，賦詩云：

> 萬年新曆自今朝，兵氣都隨殘臘銷。龍虎山河開舊域，鳳凰宮闕集群僚。

> 波停海外來重譯，干舞堦前格有苗。野老瓣香無別祝，簞瓢處處聽歌堯。〔註22〕

緬懷、期望之情殷勤懇切，乃於正月內以請藏爲名，「附官人舟」，再入南京〔註23〕。但數月之後，清軍南下，江南變色，弘光朝廷覆亡。函可「值國再變」，「慟國恤，黯然形諸歌吟」，「聞某遇難、某自裁，皆有挽」，且這些殉難者「多其生平故舊，盡然傷之，因紀錄姓名，建水陸以薦冥福」，並「紀爲私史」，即《再變紀》〔註24〕。郝浴〈奉天遼陽千山剩人可禪師塔碑銘〉云：「丙戌歲，本以友故出嶺，將挂錫靈谷」。據陳寅恪先生考證，函可於清順治三年春暮曾返廣東，「是歲再來南京，其時間或即在季秋」，「以友故出嶺」恐指瞿式耜或洪承疇，極可能「暗中爲當時粵桂反清運動奔走遊說」〔註25〕。

清順治四年秋，函可等南歸，出城時被搜出所攜的福王答阮大鋮書稿和《再變紀》，案發〔註26〕。福王答阮大鋮書稿和《再變紀》，今不可見，而據

〔註21〕 （清）函可撰：《千山詩集》卷首，函昰〈千山剩人可和尚塔銘〉。

〔註22〕 （清）函可撰：《千山詩集》卷九，〈七言律一〉，〈甲申歲除寓南安〉、〈乙酉元旦〉。

〔註23〕 （清）函可撰：《千山詩集》卷首，函昰〈千山剩人可和尚塔銘〉。

〔註24〕 （清）函可撰：《千山詩集》卷首，顧夢遊〈序〉。函可所著當名《再變紀》，參汪宗衍撰：《明末剩人和尚年譜》，〈永曆元年、順治四年丁亥（一六四七）三十七歲〉條，頁一七。

〔註25〕 陳寅恪撰：《柳如是別傳》，〈第五章　復明運動附錢氏家難〉，下冊，頁四九四至九四四、九五二至九五五、一○八二等。又，同書云：「蓋當日志懷復明諸人，往往託跡方外」，「諸居寺中之明室遺民，雖託跡方外，仍不斷爲恢復之活動」，下冊，頁一○三六、一○七○等；又，同書所引《張蒼水集》第四編，〈北征錄〉所云：「余遣一僧齎帛書，由間道訪延平行營」，下冊，頁一一七一，可知，是時多有藉僧徒爲軍事信使或間諜等。清廷豈亦以此待函可耶？俟考。

〔註26〕 （清）圖海等奉敕修：《大清世祖章皇帝實錄》卷之三十五，順治四年丁亥十

其同時人邢昉〈讀祖心《再變紀》漫述五十韻〉詩，大致可知《再變紀》一書內容。邢昉之詩云：

> 惟歲昨在申，九州始破碎。舊京雖一隅，形勢東南會。
> 我皇秉圭卺，雨泣面如黷。臣民盡驚呼，少康真可配。
> 史公踐台斗，心赤當時最。靈臺占紫氣，恍惚嘉祥屆。
> 亡何變氛祲，太白垂天戒。宵光晝炯炯，百日猶未退。
> 咄哉夜郎人，小器自矜大。入手事擠排，持權誇擁戴。
> 朝廷一李綱，不容密勿內。獟貐本在野，抵死呼朋類。
> 赫赫先帝書，翻案神靈嘅。誼士惜繁纓，兇黨蒙冠帶。
> 從此問王綱，解散隨塵壒。貂蟬併鈇鉞，顛倒弄機械。
> 人心二豎灰，世事長江敗。洎乎皇輿播，臨軒曾召對。
> 出奔忽異道，此事令人怪。得非靴中刀，凜凜惡奸檜。
> 所恨喪亂朝，不少共驩蕁。城頭豎降旗，城下迎王旆。
> 白頭宗伯老，作事彌狡獪。捧獻出英皇，箋記稱再拜。
> 皇天生此物，其肉安足噉。養士三百年，豈料成狼狽。
> 幸有兩尚書，臣節堂堂在。又有楊中丞，甘死如飲瀣。
> 嗚呼黃祠部，刀鋸何耿介。郎吏及韋布，一二更奇快。
> 吁嗟郡國英，螳臂堪一喟。宣歙始發難，戰血塗草萊。
> 麻生怒衝髮，氣作長虹掛。松林戰尤苦，婺女兵終潰。
> 吳子要離烈，張朱俱慷慨。我悲黃相國，絕食經顛沛。
> 海上王將軍，就死跡逾邁。此紀乙至丙，大書得梗概。
> 正氣苟勿渝，細不遺帬繫。倘非斯人傳，乾坤真憒憒。
> 大師南海秀，夐立風塵外。辛苦事掇拾，微辭綴叢薈。
> 毛錐逐行腳，蠅頭裝布袋。前日城門過，禍機發迮避。
> 命危瀕伏鑕，鞠苦屢加鈦。良以筆削勞，幾落游魂隊。
> 諸方尚雲擾，潢洞勢未殺。雖然怵網羅，慎勿罷紀載。
> 伊昔鄭億翁，著書至元代。出土十載前，金石何曾壞。〔註27〕

一月辛亥條，影印本《清實錄》第三冊，頁二八四至二八五。（清）函可撰：《千山詩集》卷首，函昰〈千山剩人可和尚塔銘〉云：「師自起禍至發遣，中間兩年，惟同參法緯暨諸徒五人外，無一近旁」。「諸徒」云云，即指上引洪承疇奏內所說的原係隨從之「其僧徒金獵等四名」，和法緯，適爲五人。

〔註27〕　（清）邢昉撰：《石臼後集》卷一，〈五言古詩〉，〈讀祖心《再變紀》漫述五

從詩中「此紀乙至丙，大書得梗概」等句可知，函可《再變紀》所載，爲南
明弘光朝廷的興亡史〔註28〕。自「惟歲昨在申」至「顛倒弄機械」句，稱《再
變紀》記述的是南明弘光政權建立及其朝政腐敗、人心頹廢的情形。自「人
心二疊灰」至「豈料成狼狽」句，說《再變紀》記弘光朝廷覆亡之事，書中
對錢謙益等投降清軍有憤慨之情和痛惜之意。自「幸有兩尚書」至「就死跡
逾邁」句，則指出《再變紀》大書忠臣黃道周等抗清的種種事蹟，透露出函
可對之的景仰之心。其後諸句則是讚揚函可的《再變紀》秉筆直書，正氣凜
然，蘊含民族大義和氣節，勉勵函可「雖然怵網羅，愼勿罷紀載」，效法南宋
鄭思肖古井藏書，以遺後世。據此可知，函可《再變紀》所言爲當時清與南
明之間鬥爭的敏感問題，包含政治、軍事和種族各方面，尤其如邢昉詩中「我
皇秉圭卣」諸句，說明函可《再變紀》以弘光朝廷爲神州正朔所在，從而間
接否定清廷之取天下乃取自流寇之說，關係清廷的「治統」問題，爲清廷深
所忌諱。此外，函可攜有福王答阮大鋮書稿，清廷也深恐與反清運動相關
聯。陳寅恪先生認爲：「亨九奏摺諱言剩人回粵後，又重來金陵之事，必有隱
衷。豈函可於丙戌一年之中，去而復返，實暗中爲當時粵桂反清運動奔走遊
說耶？」指出「當時反清復明之勢力皆欲爭取亨九。巴山等拷問函可，即
欲得知洪氏是否與此運動有關」〔註29〕。據〈明萬曆四十四年進士題名碑錄
丙辰科〉，當時反清勢力的領袖之一瞿式耜，和阮大鋮、洪承疇爲同榜進士
〔註30〕。函可之父韓日纘又爲洪氏會試房師〔註31〕。清廷懷疑函可攜福王答
阮大鋮書稿，欲藉此書稿及舊日科舉之座主門生同年之關係遊說洪氏，亦在
情理之中〔註32〕。

十韻〉。又，康熙刻本無「少康」二字，茲據同治以後刻本補。

〔註28〕 關於南明弘光朝廷的興亡史，可參閱（清）黃宗羲、顧炎武等撰：《南明史料》
（八種）、謝國楨撰：《南明史略》、〔美〕司徒琳（Lynn Struve）撰：《南明史
（1644-1662）》（*The Southern Ming*，1644-1662）、顧誠撰：《南明史》等。

〔註29〕 陳寅恪撰：《柳如是別傳》，〈第五章　復明運動附錢氏家難〉，下冊，頁四九四
至九四二。郭成康、林鐵鈞撰：《清朝文字獄》，〈清朝文字獄要案始末〉，〈一
以文獲罪的第一個罹難者——函可《變記》案〉，則認爲此事「直接牽涉到江
寧軍政首腦洪承疇與巴山的矛盾」，頁78至81等。郭、林之說似有未諦。

〔註30〕 載《明清歷科進士題名碑錄》，（二），頁1172、1175、1184。

〔註31〕 （清）圖海等奉敕修：《大清世祖章皇帝實錄》卷之三十五，順治四年丁亥十
一月辛亥條，影印本《清實錄》第三冊，頁二八四至二八五。

〔註32〕 陳寅恪撰：《柳如是別傳》，〈第五章　復明運動附錢氏家難〉云：「吾國舊日社會
關係，大抵爲家族姻戚鄉里師弟及科舉之座主門生同年等。」下冊，頁九四四。

函可「遂坐文字」〔註 33〕，入獄究治。江南總管巴山「疑有徒黨，拷掠至數百」。函可「但曰某一人自爲，夾木再折，無二語」，「絕而復甦者數，口齒嚼然，無一語不根於至道，血淋沒趾，屹立如山」，「乃發營候鞫，項鐵至三繞，兩足重傷，走二十里如平時」〔註 34〕。社會輿論認爲函可的作爲「事干士大夫名教之重」，即士人氣節和世道人心等方面，因此「江左舊史聞人往往執簡大書，藏在名山」〔註35〕，「江寧緇白環睹，咸知師道者無他，爭爲之含涕，而不敢發一語」〔註 36〕。不久，函可等被械送京師，下刑部獄，越月得旨，發瀋陽，焚修慈恩寺〔註37〕。陳寅恪先生認爲：

> 洪氏避嫌，不定函可之讞，清廷亦深知其中微妙之處。所以諭慰洪氏，輕罪函可者，蓋仍須藉洪氏以招降其他漢人士大夫如瞿稼軒輩。瞿、洪皆中式萬曆丙辰進士，爲同年生，而函可乃適當之聯繫人也。然則當日承疇處境之艱危，清廷手腕之巧妙，於此亦可窺見一斑矣。〔註 38〕

〔註 33〕（清）函可撰：《千山詩集》卷首，郝浴〈奉天遼陽千山剩人可禪師塔碑銘〉。又，（清）函可撰：《千山詩集》卷首，〈自序〉，其門人今何附識，有云：「古之爲詩者多矣，未必罪；古之得罪者多矣，未必詩。吾師以詩得罪，復以罪得詩」，則函可得罪亦因其詩作。

〔註 34〕（清）函可撰：《千山詩集》卷首，函昰〈千山剩人可和尚塔銘〉；《韓氏族譜》（博羅），〈大傳第五〉，〈猶龍公傳〉。又，其友人顧夢遊亦受牽連入獄，（清）錢謙益撰：《牧齋有學集》卷四十九，〈題跋〉，〈顧與治遺稿題辭〉云：「金陵亂後，與治與剩和尚，生死周旋，白刃交頸，人鬼呼吸，無變色，無悔詞」，下冊，頁一五九〇。又，《韓氏族譜》（博羅），〈大傳第五〉，〈猶龍公傳〉有云：「時四川王璲分憲江南，傾身調護」，然考分憲江南之四川王璲其人未得，姑記於此，俟考。

〔註 35〕（清）函可撰：《千山詩集》卷首，郝浴〈奉天遼陽千山剩人可禪師塔碑銘〉；《韓氏族譜》（博羅），〈大傳第五〉，〈猶龍公傳〉。

〔註 36〕（清）函可撰：《千山詩集》卷首，函昰〈千山剩人可和尚塔銘〉。

〔註 37〕（清）圖海等奉敕修：《大清世祖章皇帝實錄》卷之三十五，順治四年丁亥十一月辛亥條，影印本《清實錄》第三冊，頁二八四至二八五；（清）函可撰：《千山詩集》卷首，函昰〈千山剩人可和尚塔銘〉。又，（清）圖海等奉敕修：《大清世祖章皇帝實錄》卷之三十八，順治五年戊子夏四月癸未條云：「吏部議奏：『招撫大學士洪承疇給廣東遊僧函可護身印牌，負經還里，爲江寧守門官兵搜出福王答阮大鋮書，並《再變紀》一冊，其中字蹟有干我朝忌諱。承疇以師生之故，私給印牌，顯屬徇情，應革職。』得旨：『爾部所議甚是。但洪承疇素受眷養，奉命江南，勞績可嘉，姑從寬宥。』」影印本《清實錄》第三冊，頁三〇六。

〔註 38〕陳寅恪撰：《柳如是別傳》，〈第五章　復明運動附錢氏家難〉，下冊，頁九四二。

　　順治五年四月二十八日，函可等至瀋陽戍所，開始其流放生涯〔註39〕。史籍載：函可「初至瀋陽，觀知根欲，因達藏主閱藏普濟，先爲諸芯蒭疏通義學，時講席漸散，多集座下，講師頗覺，師乃領大眾趨教同學人，講師意始解。自是，瀋內外護咸仰師寬大，益篤信宗門。開法之日元旦，喇嘛率諸遼海王臣道俗稱佛出世，清法謫僧屬掌教，亦極力推轂。自普濟，歷廣慈、大寧、永安、慈航、接引、向陽，凡七座大剎，會下各五七百眾」〔註40〕，「皆依依於巖壑間，數年不忍去，鴨西數千里悉奉爲開宗鼻祖矣」〔註41〕。弘法之餘，函可與譴謫關外的士大夫左懋泰、李呈祥、魏琯、李龍袞、郝浴、季開生和陳心簡等人「始以節義文章相慕，後皆引爲法交」〔註42〕，又集同好凡三十餘人，結成冰天詩社〔註43〕，自號「搕㩫」〔註44〕、「獦獠」〔註45〕，往來唱和，留下不少詩篇。十六年十一月二十五日，函可於瀋陽普濟寺集眾告誡勉勵，並示偈曰：

　　　　發來一個剩人，死去一具臭骨。不費常住柴薪，又省行人挖窟。

　　移向渾河波裏，赤骨律只待水流石出。

偈竟，默然片刻，「遂端坐而逝」，「世壽四十有九」〔註46〕。康熙元年六月十九日，其肉身龕被塔葬於千山瓔珞峰西麓下〔註47〕。

　　康熙年間，其門人今羗等搜羅函可流放期間及少量流放前創作的詩篇，

〔註39〕　（清）函可撰：《千山詩集》卷首，郝浴〈奉天遼陽千山剩人可禪師塔碑銘〉。
〔註40〕　（清）函可撰：《千山詩集》卷首，函昰〈千山剩人可和尚塔銘〉。又見（清）金光祖纂修：《廣東通志》卷之二十六，〈仙釋方伎附〉、〈釋傳〉、〈惠州府〉、〈函可禪師〉。
〔註41〕　《韓氏族譜》（博羅），〈大傳第五〉、〈猶龍公傳〉。
〔註42〕　（清）函可撰：《千山詩集》卷首，函昰〈千山剩人可和尚塔銘〉。
〔註43〕　汪宗衍撰：《明末剩人和尚年譜》，繫結冰天詩社於清順治七年庚寅冬，頁二一。
〔註44〕　（清）函可撰：《千山詩集》卷二十，〈冰天詩社〉。此號義爲糞便、垃圾，唯同書同卷之同社名次「搕」作「㩫」，義不通，誤。
〔註45〕　（清）郝浴撰：《中山詩鈔》卷之三，〈近體七言律〉、〈剩公〉詩有「不恨獦獠死大荒，那隆佛種尚詩狂」句，「獦獠」下雙行小注云：「剩自篆此章。」
〔註46〕　（清）函可撰：《千山詩集》卷首，函昰〈千山剩人可和尚塔銘〉、郝浴〈奉天遼陽千山剩人可禪師塔碑銘〉。又，《韓氏族譜》（博羅），〈家傳第四〉、〈第十二世〉、〈長房〉、〈福宦宗駬〉云：「順治庚子十一月二十五日卒於瀋陽普濟寺」，庚子爲順治十七年，與函可壽數不合，今唯取其卒日。（清）函可撰：《千山詩集》卷首，函昰〈千山剩人可和尚塔銘〉所云：「蓋順治十六年己亥十一月二十七日也」，恐指「瀋之人迎龕入千山，建壙」之日。
〔註47〕　（清）函可撰：《千山詩集》卷首，郝浴〈奉天遼陽千山剩人可禪師塔碑銘〉；《韓氏族譜》（博羅），〈家傳第四〉、〈第十二世〉、〈長房〉、〈福宦宗駬〉。

以遼陽名勝千山爲名，結集付刻印行，即今所見之《千山詩集》。這些詩篇，「或和采薇之歌，或擬招魂之些，撫今追昔，感慨繫之」〔註48〕，實蘊含故國舊君之思和反清復明之志。顧夢遊即稱：「讀大師詩，而君父之愛油然以生，聲教也；讀大師詩，而知忠孝之言不可以苟，生死不了，無以爲文字，文字不徹，無以爲生死，身教也」〔註49〕。《韓氏族譜》載，函可還「有剩詩三卷，有坎困二卦說，與左大來、李吉津、李天中、陳心簡論格物勸學書，與希與、焦冥論南華書，語錄十卷，行世。付書付法高足二十餘人，皆南北名流。」〔註50〕藉此可知，其人、其文所表達的思想流傳甚廣。故百餘年後，清高宗仍憂心其對世道人心的影響。

乾隆四十年閏十月二十三日，高宗諭軍機大臣等：

> 朕檢閱各省呈繳應毀書籍，內有千山和尚詩本，語多狂悖，自應查繳銷毀。查千山名函可，廣東博羅人，故又稱爲博羅剩人，後因獲罪，發遣瀋陽。函可既刻有詩集，恐無識之徒目爲緇流高品，並恐瀋陽地方，爲開山祖席，於世道人心甚有關係。著弘晌、富察善，即速確查，從前函可在瀋陽時，曾否占住寺廟，有無支派流傳，承襲香火，及有無碑刻字蹟留存，逐一查明，據實覆奏。

次日就以「三百里傳諭」〔註51〕，二十九日廷寄到。十一月十一日，盛京將軍弘晌等就回奏，經查，函可碑塔、語錄、詩句和手錄戒儀字蹟等皆在千山雙峰寺，語錄刻板或「已殘破不整」，或「實因年久，遺失無存」，其支派僧人亦在雙峰寺，「實皆愚蠢，均屬務農山僧」，並無「皈依僧眾收徒聚會情事」，又奏：

> 奴才等伏查函可係獲罪發遣之犯，膽敢放蕩詩詞，肆意狂悖，殊與世道人心大有關係。現在承襲伊支派僧人法貞等，雖委係務農山僧，若不即令還俗，惟恐日後出有不肖僧徒，假借名色，轉相糾結，招徒聚會，以致煽惑滋事，關係非淺。應請將法貞等先令還俗，

〔註48〕（清）函可撰：《千山詩集》卷首，韓履泰〈序〉。

〔註49〕（清）函可撰：《千山詩集》卷首，顧夢遊〈序〉。

〔註50〕《韓氏族譜》（博羅），〈大傳第五〉，〈猶龍公傳〉。李天中者，疑誤，應爲季天中，即季開生。

〔註51〕中國第一歷史檔案館編：《纂修四庫全書檔案》，〈二九七　寄諭弘晌等確查函可在瀋陽有無占寺支派及碑刻字蹟留存乾隆四十年閏十月二十三日〉，上冊，頁四五六至四五七。

並將雙峰寺所建碑塔，盡行拆毀；《盛京通志》內所載函可事蹟，逐一刪除；其存三元菴之語錄刻板，請敕在京該管衙門查起銷毀。奴才等仍嚴飭奉省旗民地方官，在於所屬各寺廟內，留心嚴密查訪，如有函可語錄、詩句、字蹟以及支派承襲之人，俱照奴才等現在奏請辦理，以杜其漸。

除將查出《函可語錄》、戒儀並碑記、詩句抄錄包封進呈御覽外，合將奴才等遵旨查辦緣由，據實恭摺覆奏。是否有當？伏祈皇上睿鑒。謹奏。

硃批：

知道了。〔註52〕

奏摺中「於世道人心甚有關係」，關係教化之問題，即「聖人之教」，是謂「道統」，為清高宗特別關注之事。函可《千山詩集》等文字作品終遭禁毀〔註53〕，有關函可的記載也遭刪削〔註54〕。所幸，這些文字作品尚有部分僥倖留存，後世始能藉此窺見其三百餘年前的孤衷遺恨。

第二節　孫曙等坊刻制藝序案

清世祖順治五年三月，約為函可被定讞發遣的同時，即發生孫曙等坊刻制藝序案，又稱毛重倬等坊刻制藝序案〔註55〕。

此案原誤傳緣起於這年四月滿人大學士剛林「直糾悖亂坊刻以正人心」一疏。明末清初學者鄭敷教《鄭桐菴筆記補遺》，有云：

□既□□，仍行科舉法，乙酉、丙戌、戊子三舉鄉闈，丙戌、

〔註52〕中國第一歷史檔案館編：《纂修四庫全書檔案》，〈三○五　盛京將軍弘晌等奏查出函可語錄碑記字蹟及支派承襲人摺乾隆四十年十一月十一日〉，上冊，頁四七一至四七三。

〔註53〕中國第一歷史檔案館編：《纂修四庫全書檔案》，〈七○八　浙江巡撫李質穎奏查繳違礙書籍並繕清單呈覽摺乾隆四十五年九月初八日〉，上冊，頁一二一一；汪宗衍撰：《明末剩人和尚年譜》，〈乾隆五十三年戊申（一七八八）　卒後一百二十九年〉條，頁四二。

〔註54〕今所見（清）陶敬纂修：《博羅縣志》；（清）陳裔虞纂修：《博羅縣志》；（清）呂應奎修、黃挺華纂：《惠州府志》；（清）郝玉麟等修、魯曾煜等纂：《廣東通志》；（清）董秉忠等修、哲備等纂：《盛京通志》等等；皆遭刪削而無載。

〔註55〕鄧之誠撰：《中華二千年史》卷五，〈明清中〉所附〈清代文字獄簡表〉，卷五中第一分冊，頁一一三。

丁亥、己丑三舉禮闈。反顏喪心之夫，夤緣關節，如鷩文之嘔噦，
如病狂譫囈，發汗奔軼，如人聞鴝鵒聲，無不願咒令其死。戊子四
月，□相剛林有〈直糾悖亂坊刻以正人心〉一疏，云：「臣等因訓課
子孫，聊市坊刻，其文皆悖謬荒唐，顯違功令，已令人不勝駭異，
其序文止寫丁亥干支，並無順治年號。凡書必繫年號，以尊一統，
歷代皆然，此輩刪去不用，目無本朝，陽順陰逆，罪犯不赦之條」
云云。於是毛重倬、胥庭清、史樹駿、繆慧遠等皆罹於網。〔註56〕

文中指明本案緣起於清順治五年四月滿人大學士剛林〈直糾悖亂坊刻以正人
心〉一疏，疏中所糾坊刻制藝文之「序文止寫丁亥干支，並無順治年號」一
節，屬「目無本朝，陽順陰逆，罪犯不赦之條」，事主為毛重倬、胥庭清、史
樹駿、繆慧遠等。後人多藉此立論，以為本案有滿漢種族矛盾、專制統治和
清初正閏之爭諸因素。

現據筆者發現，此案實緣起於這年三月內院漢人大學士馮銓、宋權聯名
的〈為直糾悖亂坊刻以正人心事〉題本。題本云：

題

□院大學士臣馮銓、臣宋權謹題為直糾悖亂坊刻以正人心事。
臣等因訓課子孫，聊市坊刻。其文背謬荒唐，顯違功令，已令人不
勝駭異，且序文止寫丁亥干支，並無順治年號。凡著書必繫年號，
以尊一統，歷代皆然。今此輩刪去不用，心無本朝，陽順陰逆，罪
犯不赦之條矣。伏念朝廷以文取士，乃不易之良法，惟范於正，則
大忠大孝由此出，若任其邪，則大奸大惡亦由此出。自明末禁弛，
流弊已極。如今日孫曙之《了閑》、張辰之《麟雯》、毛重倬之《著
書》、胥庭清之《連雲》、史樹駿、繆慧遠之《眞稿》序文，皆無年
號，閃爍延慢，全無□義，不可理解。此輩使之治民必貪酷，使之
治兵必叛逆，使之取士必通關節、結黨與，正理文字反因異己而不
錄，其禍可勝言哉？伏乞敕下該部，將孫曙等革黜，行文該撫、按
嚴拏重擬，仍將一應私行坊刻盡數焚毀，再有違犯，該撫、按、學
臣徑自挈參，敢有狥縱者，治罪不宥。以後凡用試官、學臣，嚴考
文行，毋循舊例，如此則積弊革而眞才可得矣。謹題請旨。

〔註56〕 （清）鄭敷教撰：《鄭桐菴筆記補遺》，〈科舉〉條。是書所據版本為長洲黃氏
士禮居校鈔本。

順治伍年三月　　日內院大學士臣馮銓、宋權。

題本首幅批紅：

是。孫曙等俱革黜，該撫、按挈問，將不書年號、文理悖亂情

由確察議罪具奏。餘著部議。該衙門知道。〔註57〕

據此，本案實緣起於清順治五年三月內院漢人大學士馮銓、宋權聯名〈爲直糾悖亂坊刻以正人心事〉題本，所糾之事既有坊刻制藝文之「序文止寫丁亥干支，並無順治年號」，「今此輩刪去不用，心無本朝，陽順陰逆，罪犯不赦之條矣」，屬於清初政治、文化領域的正閏之爭問題，又有「孫曙之《了閑》、張辰之《麟雯》、毛重倬之《著書》、胥庭清之《連雲》、史樹駿、繆慧遠之《眞稿》序文，皆無年號，閃爍延慢，全無□義，不可理解」，屬於明末清初文學領域的制藝風格嬗變問題。而本案事主除上文所列四人外，首列孫曙、張辰二人。故此案宜名「清順治五年孫曙等坊刻制藝序案」，前人定說理應補遺、商榷和修正。

限於史料，此案的審理情況已不可知。而現可知，事主爲孫曙、張辰、毛重倬、胥庭清、史樹駿和繆慧遠等六人。其事蹟則鮮有論著言及〔註58〕，以致有些學者想象毛重倬等人因本案而被殺〔註59〕。其實，本案事主皆爲江、浙士子，且並未因此而罹死罪。

孫曙，字扶桑，江南蘇州府常熟縣人〔註60〕，生於明泰昌元年〔註61〕，

〔註57〕 張偉仁主編：《明清檔案》，〈A8-5　順治五年三月（日不詳）之二十一　大學士馮銓等題報坊刻違令請旨焚毀嚴究〉，第八冊，A8-5（2-1）至A8-5（2-2），頁B3997至B3998。後□內字模糊不清，疑應爲「立」字。又，原國立中央研究院歷史語言研究所明清史料編刊會編：《明清史料》，丙編第三本，〈內院大學士馮銓宋權題本〉，葉二九六正面，即此件排印本。又，錢實甫編：《清代職官年表》，〈大學士年表〉載，是時剛林、宋權爲內翰林國史院大學士，馮銓爲內翰林弘文院大學士，第一冊，頁4等。

〔註58〕 據筆者所見，金性堯：《清代筆禍錄》，〈清代的第一起筆禍〉，曾極簡單地介紹過胥庭清，頁一；又，拙作〈胥庭清與《聽江冷署》〉，曾論述胥某事蹟。

〔註59〕 如，楊乾坤撰：《中國古代文字獄》，〈三、「傾覆天地」罪難贖——反對本朝獄〉，〈（二）詆毀本朝案〉，記「毛重倬等坊刻『制藝序』喪命」案，頁63；李海生撰：〈論順康兩朝的文化政策及其對漢族知識份子的影響——兼論清代學問由經世之用轉向考據之實〉，載《上海行政學院學報》，總第6期，頁105等；皆認爲罹網諸人被殺，係錯解鄭敷教氏「皆罹於網」之文而想當然，誤。

〔註60〕 （清）高士䴡、楊振藻修、錢陸燦等纂：《常熟縣志》卷十八，〈邑人〉。又，楊廷福、楊同甫編：《清人室名別稱字號索引（增補本）》載，孫曙，字辰東，號扶桑，下冊，頁427；筆者未見確據，姑錄存疑。

〈內翰林院修撰孫扶桑君墓誌銘〉稱他「生而岐嶷俊秀。六歲，就外傅讀書，數行俱下。及長，顧盼英偉，神采煥發。年十七，補諸生」〔註62〕，「爲諸生時，好以駢體爲經義。是時吳中有文社曰同聲，而孫實爲之領袖。同社多效其體以爲文，而風氣遂爲之一變」〔註63〕，以致「一時司文柄者無不國士遇之。會申、酉之間，東南鼎沸，又連遭二喪，倚廬哀瘁，幾不欲生，閭里稱爲至孝」〔註64〕，服除，於清順治五年因其坊刻制藝《了閑》未書順治年號，「忤時相，與進士胥庭清、繆慧遠、史樹駿、舉人毛重倬同時被逮」〔註65〕。清人王應奎曾見其致罪之作《了閑》，「悉六朝麗語」，首義「爲『學而時習之』全章。原起云『且自芸吹繡古之香，杜隝求聲之草，桂殘招隱之花』，以此三句括全題三節，通篇語皆類是。聞此篇雖刻他氏，實扶桑自作，即一原起而構思一日夜云」，文出，「風行海內，一時紙價頓高」〔註66〕。孫曙被除名拏問後，「訟累經年，邀恩得免」，遂改名承恩，於順治八年貢入京師，十一年中舉〔註67〕。十五年，孫承恩在京會試，「以其（文）敷陳愷切，書體端嚴」〔註68〕，中狀元，卻未按慣例及時授職，「緣其弟暘科場事，候部查議」，蒙特宥後，始授內翰林國史院修撰〔註69〕，「自是備顧問，在禁近，寵遇日隆」〔註70〕。十六年初，孫承恩按例出任己亥加科會試同考官〔註71〕，八、九月

〔註61〕　（清）王士禛撰：《池北偶談》卷二十一，〈談異二〉，〈常熟三鼎甲〉條，下冊，頁五〇八。

〔註62〕　《常熟孫氏宗譜》，徐元文〈內翰林院修撰孫扶桑君墓誌銘〉。

〔註63〕　（清）王應奎撰：《柳南隨筆》卷二，見《柳南隨筆　續筆》，頁三四至三五。王氏亦誤記是案緣起於剛林之疏，不贅論。

〔註64〕　《常熟孫氏宗譜》，徐元文〈內翰林院修撰孫扶桑君墓誌銘〉。

〔註65〕　（清）高士鸃、楊振藻修、錢陸燦等纂：《常熟縣志》卷十八，〈邑人〉。

〔註66〕　（清）王應奎撰：《柳南隨筆》卷二，見《柳南隨筆　續筆》，頁三五。

〔註67〕　（清）高士鸃、楊振藻修、錢陸燦等纂：《常熟縣志》卷十八，〈邑人〉。

〔註68〕　《常熟孫氏宗譜》，徐元文〈內翰林院修撰孫扶桑君墓誌銘〉。

〔註69〕　（清）圖海等奉敕修：《大清世祖章皇帝實錄》卷之一百十六，順治十五年戊戌夏四月辛未條：卷之一百十七，五月丙寅條：卷之一百十八，六月辛未條、辛卯條等：影印本《清實錄》第三冊，頁九〇四、九一六、九一八、九二〇等。又，王應奎撰：《柳南續筆》卷二，〈孫狀元〉條，見《柳南隨筆　續筆》，頁一六七：又，（清）陳康祺撰：《郎潛紀聞初筆》卷十二，〈孫承恩不肯欺君賣弟〉條，見《郎潛紀聞初筆　二筆　三筆》，上冊，頁二七一等：記孫承恩被定爲狀元之軼事，恐是後來文人附麗，今不取。

〔註70〕　（清）高士鸃、楊振藻修、錢陸燦等纂：《常熟縣志》卷十八，〈邑人〉。

〔註71〕　（清）法式善撰：《清秘述聞》卷十三，〈同考官類一〉，順治十六年己亥科會試條，見《清秘述聞三種》，上冊，頁三九四。又，所謂「按例」，可參（清）王

間，從清世祖出遊南海子〔註72〕，獲准「騎御閑名馬，馬驚，疾馳，大風揚沙，遂中寒疾，又誤投補劑，氣逆不能勝，歸寓不數日而卒」〔註73〕，終年三十九〔註74〕，後被葬於常熟縣河陽山〔註75〕。《江南通志》評價道：「承恩孝於親，友於弟，交友有至性，文工六朝，詩工溫、李，書似九成宮，年不克永，士論惜之。」〔註76〕

張辰，字北是，浙江嘉興府嘉善縣人，生卒年月俟考，浙省方志載其事蹟較簡略，只說他「與（兄）鶴書齊名，邑中號二張焉，少孤，遇事先咨長兄，終其身無間。其交友敦信義，有過必規，面譽背毀勿為也。行文刻劃、名理沈思之際，嗒然若喪，語不驚人不休。齋志早沒，良可歎云。」〔註77〕《檇李詩繫》收有張辰〈贈亭彥〉詩一首〔註78〕。

毛重倬，字卓人，江南常州府武進縣人，生卒年月俟考。據《武進陽湖合志》卷二十六引《盧志稿》記載，毛重倬「十歲能文，十一學二王書法，為張清惠瑋所賞識，贈以《昌黎全集》，慰勉交至」〔註79〕。清順治二年，毛重倬與史樹駿同中舉人〔註80〕，五年因坊刻制藝序案被劾，「就訊累年，事得

〔註72〕 士禛撰：《池北偶談》卷三，〈談故三〉，〈狀元出典鄉試〉條，上冊，頁五三。

〔註72〕 南海子即南苑，可參（清）于成龍等修、郭棻纂：《畿輔通志》卷之第一，〈京師〉，〈苑圍〉，〈南海子〉條；（清）于敏中、英廉等奉敕編：《欽定日下舊聞考》卷七十四，〈國朝苑圍〉，〈南苑一〉，載（清）永瑢、紀昀等纂修：《景印文淵閣四庫全書》，〈史部二五六〉，〈地理類〉，第四九八冊，頁498-167等。又，本年，清世祖最可能攜孫承恩幸南海子共有三次，可參（清）圖海等奉敕修：《大清世祖章皇帝實錄》卷之一百二十七，順治十六年己亥八月癸巳至戊戌、乙巳至丙午諸條；卷之一百二十八，順治十六年己亥九月甲申條，至卷之一百三十，順治十六年己亥十一月丙寅條；影印本《清實錄》第三冊，頁九八七至九八九、九九七至一〇〇五等。今未能確知何次，俟考。

〔註73〕 《常熟孫氏宗譜》，徐元文〈內翰林院修撰孫扶桑君墓誌銘〉。

〔註74〕 （清）王士禛撰：《池北偶談》卷二十一，〈談異二〉，〈常熟三鼎甲〉條，下冊，頁五〇八。又，（清）盧騰龍修、寧雲鵬纂：《蘇州府志》卷第六十六，〈人物〉，稱其「卒年四十」，則計歲標準或有不同。

〔註75〕 （清）高士驤、楊振藻修、錢陸燦等纂：《常熟縣志》卷之十四，〈陵墓〉。

〔註76〕 （清）王新命等修、張九徵等纂：《江南通志》卷之第四十三，〈人物〉，〈蘇州府〉。

〔註77〕 （清）崔維華修、毛蕃等纂：《續修嘉善縣志》卷六，〈人物志〉，〈文苑〉，〈張鶴書〉所附〈張辰〉。今未知張辰之沒於案前還是案後，俟考。

〔註78〕 （清）沈季友輯：《檇李詩繫》第二十六卷。

〔註79〕 （清）黃晃等修、李兆洛、周儀暐纂：《武進陽湖合志》卷二十六，〈人物志五〉。

〔註80〕 （清）王新命等修、張九徵等纂：《江南通志》卷之第三十二，〈選舉〉。

白」，未遭重譴，且恢復舉人的功名，「仍許會試，不第，就太湖教諭」〔註81〕。
《安慶府太湖縣志》記他在當教諭之時，「嗜古篤學，手不釋卷，□集諸生於
弘毅堂，每旬操觚較藝者三，所尙不逐時趨，而湖文風一變，有虛心求教者，
即單寒士子，皆爲彈心牖迪焉」〔註82〕。十三年，毛重倬離職，丁母憂，三
年服闋後，補江南太倉州學正，仕至康熙四年〔註83〕。據《武進陽湖合志》
載，毛重倬後「遷知浙江石門縣」，可是《石門縣志》並無記載〔註84〕，可能
「以奏銷罣誤」而未到任，「降補江西贛州府經歷」〔註85〕，時在康熙七年。
至康熙十年〔註86〕，又因父喪回鄉，「遂不復出」，家居以終，「卒年六十九」
〔註87〕。毛重倬家居之時，以詩文自娛，《武進縣志》收其詩數首〔註88〕，《光
緒武進陽湖縣志》載有毛重倬《補菴易注》、《樂志堂詩集》及其二集、《修裕
堂詩稿》和《卓人詞》等著作數種〔註89〕，今俱未見。後人認爲其「文章初
學韓、蘇，而宗遷、固，最後返求諸六經，所撰著更益醇厚」〔註90〕。

　　胥庭清，字永公，江南江寧府人〔註91〕，生卒年月俟考，《江寧縣新志》

〔註81〕　（清）黃冕等修、李兆洛、周儀暐纂：《武進陽湖合志》卷二十六，〈人物志
　　　　　五〉。

〔註82〕　（清）章時化修、張必升纂、王庭增修：《安慶府太湖縣志》卷之十，〈名宦〉。
　　　　　據（清）符兆鵬修、趙繼元纂：《太湖縣志》卷十六，〈職官志二〉，可知□內
　　　　　字爲「常」。

〔註83〕　（清）鼂圖等修、王昶等纂：《直隸太倉州志》卷第六，〈職官上〉。

〔註84〕　可參（清）杜森修、祝文彥等纂、鄺世培續修：《石門縣志》；（清）耿維祐等
　　　　　修、潘文輅纂：《石門縣志》；（清）余麗元等修、譚逢仕纂：《石門縣志》等。

〔註85〕　（清）黃冕等修、李兆洛、周儀暐纂：《武進陽湖合志》卷二十六，〈人物志
　　　　　五〉。

〔註86〕　（清）朱宸等修、林有席等纂：《贛州府志》卷十九，〈秩官表〉。表內作「毛
　　　　　重卓」。

〔註87〕　（清）黃冕等修、李兆洛、周儀暐纂：《武進陽湖合志》卷二十六，〈人物志
　　　　　五〉。

〔註88〕　（清）武俊修、陳玉璂纂：《武進縣志》卷四十三，〈藝文〉。

〔註89〕　（清）張球等修、湯成烈等纂：《光緒武進陽湖縣志》卷二十八，〈藝文〉。「補
　　　　　菴」疑爲毛重倬號。

〔註90〕　（清）黃冕等修、李兆洛、周儀暐纂：《武進陽湖合志》卷二十六，〈人物志
　　　　　五〉。

〔註91〕　（清）佟世燕修、戴本孝纂：《江寧縣志》卷九，〈人物志上〉，〈科貢表〉。一
　　　　　說爲上元人，見（清）王新命等修、張九微等纂：《江南通志》卷之第四十二，
　　　　　〈人物〉，〈江寧府〉。又一說爲江浦人，見（清）項維正等纂修：《江浦縣志》
　　　　　卷之七，〈忠烈〉，〈胥自修〉；（清）呂燕昭修、姚鼐纂：《新修江寧府志》所
　　　　　附〈校勘記〉。

卷第二十說他「生而英發，讀書穎悟絕倫」〔註92〕，明崇禎十五年中舉〔註93〕。入清後，迫於政治壓力，胥庭清於順治四年參加會試〔註94〕，中第三甲第一百三十四名進士〔註95〕，「初授南宮令」〔註96〕，但《南宮縣志》並無記載〔註97〕，可能即因坊刻制藝序案案發的緣故而未能就職〔註98〕。案發約一年後，胥庭清免罪，且恢復功名，重入仕途，於六年官浙江餘姚縣令〔註99〕。其時，「四明山亂」，「賊徧山野」，餘姚縣城「城門晝閉，而防守之兵聞寇抄略既去始出，而盡其所有，村落皆無寧宇」。胥庭清以爲這將會逼迫百姓淪爲山寇，便「遏兵不出」，憑著個人的膽識，「單騎入山」招撫山寇，平定禍亂，又在大歉之年發粟賑濟饑民，使餘姚在「久亂之後，百廢具舉」，被譽爲「一時能吏」〔註100〕。十一年甲午，「以卓異徵入」，升工部主事、員外郎，後又受命督理江寧府龍江西新關關稅〔註101〕。胥庭清爲官廉潔，「不取羨餘」，離職回鄉家居，「兄弟百口共爨，善事父母，人稱孝友」〔註102〕。地方志稱，胥庭清「喜作詩，詩格清矯，有《北山堂稿》行世」〔註103〕，未見。今所見其存世之作有《聽江冷署》和《鍾山草堂詩集　武林遊記》二書〔註104〕。而從

〔註92〕（清）袁枚纂修：《江寧縣新志》卷第二十，〈治行〉。
〔註93〕（清）佟世燕修、戴本孝纂：《江寧縣志》卷九，〈人物志上〉，〈科貢表〉。
〔註94〕可參陳寅恪撰：《柳如是別傳》，〈第五章　復明運動附錢氏家難〉，其中關於前明士子應試實出於不得已的論述，下冊，頁一一一八至一一一九等。
〔註95〕《明清歷科進士題名碑錄》，（三），〈大清順治四年進士題名碑錄丁亥科〉，頁1417。又，（清）佟世燕修、戴本孝纂：《江寧縣志》卷九，〈人物志上〉，〈科貢表〉，載胥庭清爲是科三甲第一百三十人，誤。
〔註96〕（清）袁枚纂修：《江寧縣新志》卷第二十，〈治行〉。
〔註97〕見上海圖書館所藏（清）周栻修、陳柱纂：《南宮縣志》；（清）戴世文修、喬國楨等纂：《南宮縣志》；（民國）黃容惠修、賈恩綬纂：《南宮縣志》等。
〔註98〕（清）圖海等奉敕修：《大清世祖章皇帝實錄》卷之三十一，順治四年丁亥夏四月丁丑條，載是科進士於是月後分發任職，影印本《清實錄》第三冊，頁二五八。據此可知，胥庭清之「初授南宮令」，當在案發之前。
〔註99〕（清）周炳麟修、邵友濂、孫德祖纂：《餘姚縣志》卷十八，〈職官表〉。
〔註100〕（清）康如璉纂修：《新修餘姚縣志》卷之十二，〈官師志〉，〈胥庭清〉；（清）王新命等修、張九徵等纂：《江南通志》卷之第四十二，〈人物〉，〈江寧府〉等。
〔註101〕（清）袁枚纂修：《江寧縣新志》卷第二十，〈治行〉。
〔註102〕（清）康如璉纂修：《新修餘姚縣志》卷之十二，〈官師志〉，〈胥庭清〉；（清）王新命等修、張九徵等纂：《江南通志》卷之第四十二，〈人物〉，〈江寧府〉等。
〔註103〕（清）袁枚纂修：《江寧縣新志》卷第二十，〈治行〉。
〔註104〕李靈年、楊忠主編：《清人別集總目》，第二卷，頁1688。

其《聽江冷署》之〈弔岳廟〉詩：「讀罷碑前句，傷心舊宋京」、〈渡江〉詩：「兩岸蘆聲霜後弱，隔江瀕望舊時山」、〈燕子磯候風〉詩：「縱目江濤多少恨，漁舟獨自擊中流」等及其所用典故，可約略窺見其眷戀故國、有志復明的隱衷〔註105〕。

　　史樹駿，字光庭，號庸菴，江南常州府武進縣人，明萬曆四十二年三月十九日生〔註106〕。《常州史氏族譜》卷五，有〈庸菴公傳〉，記述史樹駿青少年時代的一些事蹟，謂其初甚頑鈍，至十八歲時始「發憤讀書，期年即通五經，又明年與父俱入泮館，於丁堰池氏日夜與其徒讀書作文，習爲詩賦詞章，遂爲毘陵多士冠」。史樹駿於清順治二年中舉〔註107〕，四年中第三甲第一百九十一名進士〔註108〕，與胥庭清、繆慧遠爲科舉同年，五年又同遭坊刻制藝序案。案後，史樹駿亦恢復功名，並官直隸河間府寧津縣令，「以父誡，政不煩苛，最聞」，考滿後轉部曹官，「歷官郎署時，吏科山西彪固，殿撰浙江大成，皆史氏之雋也，京中有三史之目」〔註109〕。十五年，他外放河間府知府〔註110〕，康熙五年調廣東順德府知府，次年離職〔註111〕。《常州史氏族譜》卷五，〈松巖公傳〉謂史樹駿曾「兩轉部曹」，第二次或就在其順德府知府卸任後。康熙八年，史樹駿又出爲廣東肇慶府知府〔註112〕，「甫下車，剔厘宿弊，吏畏民懷，期月而郡大治，時有神君之頌。前朝郡乘鼎革後蕩然無存，樹駿購求數載，始得舊本，考正舛誤，編輯成書，爲三十二卷，一方文教賴以不墜」〔註113〕，其間受敕封中憲大夫〔註114〕。家傳稱史樹駿三爲知府之時，「嚴毅有威名，所至，政治之暇，賦詩飲酒，有名士風格」，且有文名，「詩

〔註105〕 可參拙作〈胥庭清和《聽江冷署》〉。
〔註106〕 （清）史國華等纂修：《常州史氏族譜》卷四中，〈世錄四〉，〈九溪公第二支〉，〈五十世〉，〈樹駿〉。
〔註107〕 （清）武俊修、陳玉璜纂：《武進縣志》卷之八，〈學校附選舉〉。
〔註108〕 《明清歷科進士題名碑錄》，（三），〈大清順治四年進士題名碑錄丁亥科〉，頁1420。
〔註109〕 （清）史國華等纂修：《常州史氏族譜》卷五，〈庸菴公傳〉；（清）程裕昌纂修：《寧津縣志稿》卷五，〈官師志〉；（清）祝嘉庸等修、吳潯源等纂：《寧津縣志》卷六，〈職官志〉等。
〔註110〕 （清）徐可先等纂修：《河間府志》卷十三，〈職官〉。
〔註111〕 （清）徐景曾等纂修：《順德府志》卷之七，〈職官上〉。
〔註112〕 （清）金光祖纂修：《廣東通志》卷十三中，〈肇慶府〉。
〔註113〕 （清）阮元修、陳昌齊等纂：《廣東通志》卷二百五十九，〈宦績錄二十九〉。
〔註114〕 （清）史國華等纂修：《常州史氏族譜》卷一，〈誥敕〉，〈廣東肇慶府知府史樹駿暨妻誥命〉。此誥命署日有誤。

文尤為清絕，無俗韻」，康熙十二年「年六十即告歸」〔註115〕。同年十一月，吳三桂叛，三藩之亂起〔註116〕。史樹駿躲過此劫，家居十餘年，於二十八年九月二十一日卒，「年七十有六」，「葬洋堰父塋昭穴」〔註117〕。其存世詩作今見於武進地方志等〔註118〕。

　　繆慧遠，字子長，號震澤，晚號寧齋〔註119〕，江南蘇州府吳縣人〔註120〕，明萬曆四十二年十一月十二日生〔註121〕，青少年時代「學富而溢，文采炳蔚，見者愕眙，莫知其言之所從出，順治乙酉舉於鄉，四方爭購其制義，所刻《雅慶堂稿》版至再易」〔註122〕。《蘇州府志》卷五十四也稱：「慧遠少工制義」〔註123〕。清順治二年，同樣迫於政治壓力，繆慧遠參加鄉試並中舉〔註124〕，四年會試又中第三甲第一百零八名進士〔註125〕，同年分發知山西平定州壽陽縣〔註126〕。《乾隆吳縣志》稱他到任後，「不期年而政聲大著，以耿直忤大吏，謝病歸」〔註127〕。而據《壽陽縣志》卷之四，〈宦蹟第十七〉的記載，其下任為高象樞，順治五年任，計以時日，則繆慧遠恐是因坊刻制藝序

〔註115〕（清）史國華等纂修：《常州史氏族譜》卷五，〈庸菴公傳〉。
〔註116〕（清）朱軾等奉敕修：《大清聖祖仁皇帝實錄》卷之四十四，康熙十二年癸丑十二月丙辰條，影印本《清實錄》第四冊，頁五八五等。
〔註117〕（清）史國華等纂修：《常州史氏族譜》卷四中，〈世錄四〉，〈九溪公第二支〉，〈五十世〉，〈樹駿〉。
〔註118〕見（清）武俊修、陳玉璂纂：《武進縣志》卷之四十一，〈藝文〉；卷之四十三，〈藝文〉；（清）王祖肅、楊宜侖修、虞鳴球、董潮纂：《武進縣志》卷之十三，〈藝文志〉等。
〔註119〕（清）繆楷等纂修：《東興繆氏宗譜》卷十四，〈吳門派世系圖表十三〉，〈全一公吳門派瑞芝公支世系表〉，〈第十世〉，〈慧遠〉。
〔註120〕（清）王新命等修、張九徵等纂：《江南通志》卷之第三十一，〈選舉〉。
〔註121〕（清）繆翼思等纂修：《東興繆氏宗譜》卷二，〈世系表〉，〈六至十三世〉，〈彥昇公次房支居蘇州吳門養育巷〉，〈十世〉，〈慧遠〉，稱繆慧遠為繆國維次子。又，（清）繆楷等纂修：《東興繆氏宗譜》卷十四，〈吳門派世系圖表十三〉，〈全一公吳門派瑞芝公支世系表〉，〈第九世〉，〈國維〉，及〈第十世〉，〈慧隆〉，則稱繆慧遠為繆國維第三子。
〔註122〕（清）姜順蛟修、施謙纂：《乾隆吳縣志》卷之六十二，〈人物〉，〈文苑二〉。
〔註123〕（清）雅爾哈善、傅椿修、習寯等纂：《蘇州府志》卷五十四，〈人物八〉，〈吳縣〉。
〔註124〕（清）王新命等修、張九徵等纂：《江南通志》卷之第三十二，〈選舉〉。
〔註125〕《明清歷科進士題名碑錄》，（三），〈大清順治四年進士題名碑錄丁亥科〉，頁1415。
〔註126〕（清）龔導江等纂修：《壽陽縣志》卷之四，〈題名第十六〉。
〔註127〕（清）姜順蛟修、施謙纂：《乾隆吳縣志》卷之六十二，〈人物〉，〈文苑二〉。

案案發，被革黜。結案後，繆慧遠遂家居〔註128〕，康熙十四年「以子錦宣貴」，受敕封爲「文林郎、翰林院檢討加一級」，晚年「更肆力古學，尤邃於詩」，「老益嗜學，多畏寒，爲方丈板屋置書，晝日秉燭以讀」，有《寧齋詩稿》二十卷〔註129〕，未見。今《清詩別裁集》、《乾隆吳縣志》、《壽陽縣志》和《東興繆氏宗譜》九修本等中尙收錄其詩若干首〔註130〕，可見其詩品、詩風之一斑。康熙時大學士王掞評論：「其於昔人詩境徧歷而後成家，氣蒼然以古而獨標新旨，詞燦然以麗而若出無心」〔註131〕，乾隆時詩詞名家沈德潛也有好評：「經義推巨手，韻語亦復雅健雄深」〔註132〕。康熙三十年五月初三日，繆慧遠卒，年八十五，葬吳縣金魚澗〔註133〕。

　　本案相關原始記錄，今大多湮沒不存，眞相已難確知。唯尙可據現存文獻，以推論本案致案之原因。

　　以涉案雙方家世背景及其政治、社會關係而言，這些事主的家世，除未能確考者以外，或係著姓望族，或是書香門第，或爲官宦之家，於當地無不有較高的政治、社會和文化地位。如孫氏，元初自常州遷居常熟後，經數代耕耘，「子孫繩繩，屋則一廛以至百間，田則五弓以至連陌」，漸成一方大族〔註134〕，「兼有文翰風流、林泉高曠之致」〔註135〕。孫曙的曾祖父孫七政「才名籍噪」，「平生交遊甚廣，不事干謁」〔註136〕，祖父孫森「爲文師顧端

〔註128〕　（清）繆翼思等纂修：《東興繆氏宗譜》卷三十一，繆彤〈皇清誥封奉直大夫翰林院修撰加二級鄉飲大賓顯考薜書府君行述〉。

〔註129〕　（清）姜順蛟修、施謙纂：《乾隆吳縣志》卷之六十二，〈人物〉，〈文苑二〉；（清）繆楷等纂修：《東興繆氏宗譜》卷二十二，〈制誥〉，〈清封翰林院檢討加一級繆錦宣父繆慧遠爲文林郎母朱氏贈孺人敕命〉。

〔註130〕　（清）沈德潛編：《清詩別裁集》卷二，上冊，頁40至41；（清）姜順蛟修、施謙纂：《乾隆吳縣志》卷之九十三，〈藝文〉；卷之九十五，〈藝文〉；卷之一百四，〈藝文〉；卷之一百七，〈藝文〉；卷之一百十，〈藝文〉；卷之一百十一；（清）龔導江等纂修：《壽陽縣志》卷之十，〈藝文下〉；（清）馬家鼎等修、張嘉言等纂：《壽陽縣志》卷之十二，〈藝文下〉；（清）繆楷等纂修：《東興繆氏宗譜》卷三十七，〈藝文內集四〉等。

〔註131〕　（清）姜順蛟修、施謙纂：《乾隆吳縣志》卷之六十二，〈人物〉，〈文苑二〉。

〔註132〕　（清）沈德潛編：《清詩別裁集》卷二，上冊，頁40。

〔註133〕　（清）繆翼思等纂修：《東興繆氏宗譜》卷二，〈世系表〉，〈六至十三世〉，〈彥昇公次房支居蘇州吳門養育巷〉，〈十世〉，〈慧遠〉。

〔註134〕　《常熟孫氏宗譜》，孫朝讓〈常熟孫氏宗譜分四大支序〉。

〔註135〕　（清）鄧琳纂：《虞鄉志略》卷十一，〈雜記中〉。

〔註136〕　（清）高士巘、楊振藻修、錢陸燦等纂：《常熟縣志》卷之二十，〈文苑〉。

文」，伯父朝昌和父朝翼又「同出顧涇陽之門」〔註137〕，孫森還歷官弋陽、高州，為一代名宦〔註138〕。孫氏家世兼有三者。而胥庭清出於地方官宦家庭。其父胥自修為明「萬曆壬子鄉薦」，曾官曲陽令，後「補宜黃」，為官「豈弟廉能，勤恤民隱」，因「與當事忤，左遷衢州府檢校」〔註139〕。明清易代，其父兄等殉國，後世讚為「忠孝萃於一門」〔註140〕。又如繆氏，「為江南著姓」，時有「吾江望族，首推繆氏」之說，尤以江陰、常熟分支最為顯赫。明初，常熟分支遷於吳縣，即繆慧遠所屬的這一支〔註141〕。繆慧遠之父繆國維是明「萬曆辛丑進士」，為官閩、浙、黔等地，政聲卓著，頗建功勳，「以名臣載省郡縣志」〔註142〕。再如史氏，原為溧陽世族，明初始遷居常州，「其前數世讀書行善，雖勳侯閥閱之後，業且中落，而顯揚猶未也」。史樹駿的曾祖父史文鳳「少時與兄禹門攻苦力學」，其祖父史志勳「與父世德相承，讀書無他嗜好」，其父史流芳也是「拙於謀生，而工於作文，家貧，執卷呻唔，不少廢業也」〔註143〕，將讀書當作世代相傳的事業。可以說，孫曙等人是明末清初江、浙地區世家舊族和文人士子的具體代表。

其次，孫曙的祖父孫森「為文師顧端文」，伯父朝昌和父朝翼兄弟又「同出顧涇陽之門」。「顧端文」、「顧涇陽」即明末東林黨創始者顧憲成〔註144〕。

〔註137〕（清）章曾印修、曾倬纂：《常熟縣志》卷之五，〈處士〉。

〔註138〕（清）高士鸝、楊振藻修、錢陸燦等纂：《常熟縣志》卷之二十，〈文苑〉。

〔註139〕（清）陳開虞纂修：《江寧府志》卷之二十二，〈人物傳三〉，〈胥自修〉；（清）佟世燕修、戴本孝纂：《江寧縣志》卷十，〈人物志中〉，〈胥自修〉等。

〔註140〕（清）項維正等纂修：《江浦縣志》卷之七，〈忠烈〉，〈胥自修〉。

〔註141〕（清）繆楷等纂修：《東興繆氏宗譜》卷首，薛雲燕〈康熙四十七年譜序〉；卷一，〈常熟本全一公長房備考圖跋〉。又，（清）繆翼思等纂修：《東興繆氏宗譜》卷三十一，繆彤〈皇清誥封奉直大夫翰林院修撰加二級鄉飲大賓顯考薜書府君行述〉等。

〔註142〕關於繆國維之生平事蹟，可參（清）王新命等修、張九徵等纂：《江南通志》卷之第四十三，〈人物〉，〈蘇州府〉；（清）繆翼思等纂修：《東興繆氏宗譜》卷二，〈世系表〉，〈六至十三世〉，〈彥昇公次房支居蘇州吳門養育巷〉，〈九世〉，〈國維〉；（清）繆翼思等纂修：《東興繆氏宗譜》卷二，〈世系表〉，〈六至十三世〉，〈彥昇公次房支居蘇州吳門養育巷〉，〈九世〉，〈國維〉；以及有關的蘇、閩、浙、黔等省府縣地方志等。

〔註143〕（清）史國華等纂修：《常州史氏族譜》卷五，〈傳志上〉，〈岐峰公墓誌銘〉、〈九溪公傳〉、〈岐峰公傳〉、〈康岐公傳〉、〈松巖公傳〉等。

〔註144〕關於顧憲成之生平事蹟，可參（清）張廷玉等撰：《明史》卷二百三十一，〈列傳第一百十九〉，〈顧憲成〉，第二〇冊，頁六〇二九至六〇三三；（清）陳鼎輯：《東林列傳》卷二，〈明〉，〈顧憲成〉等。

以明清之際師生之間政治理念、文化學術的傳承關係推測，孫曙祖父、伯父
和父親實有爲東林黨人之嫌疑。別有孫朝肅、朝讓兄弟，爲朝昌、朝翼的堂
兄弟，孫曙的堂伯叔父〔註145〕。清初李延昰《南吳舊話錄》謂，明末應社的
前身拂水山房社倡於瞿純仁，其同社皆常熟人，繼之者許士桑、孫朝肅亦常
熟人，應社始於天啓四年，亦倡於常熟〔註146〕。後崇禎初，張溥等人合應社、
幾社等若干文社爲復社，繼東林之餘烈，講授文學，議論時政。清人王應奎
《柳南隨筆》卷二云：「前明崇禎初，太倉張天如溥、吳縣楊維斗廷樞兩先生，
繼東林而起，號召海內名流大會於吳門，謂之復社。群小忌之，造《蝗蝻錄》，
目爲『小東林』，常熟士子有六十七人列名《復社姓氏》及《補錄》，爲楊彝
子常、孫朝讓光甫等〔註147〕。可知，孫朝肅、朝讓兄弟乃江南著名文社應社、
復社的重要人物。而孫曙又師承東林黨黨魁錢謙益〔註148〕，以文學見稱，是
幾社支派同聲社的領袖〔註149〕。揆諸我國舊日家族、姻戚、鄉里、師弟及科
舉之座主、門生、同年等政治、社會關係，常熟孫氏應屬明末清初黨社世家。
另明末，復社要人多有爲其子擇友會文之舉。《社事始末》載，復社要人徐汧
爲其子徐枋擇友，「則葉子聖野襄、朱子雲子隗、繆子子長慧遠、陸子取實壽
名、汪子苕文琬與焉」。同書還載：「復社自己巳至辛巳十三年中，凡三大會。
至西銘之變，海內會葬者萬人。壬午之春又大集於虎皁」，白下有白仲調先生
夢鼐等。白夢鼐，即胥庭清之盟弟〔註150〕。同樣以我國舊日政治、社會關係
觀之，繆慧遠、胥庭清絕難不與復社等文社發生關係。事實上，在當時，「三
吳子弟各自一宗，不敢齒及復社二字者數年，然源源本本，無一非復社之子
弟也，無一非婁東之及門與其門人小子也」〔註151〕。綜上所述，本案的事主，

〔註145〕　常熟孫氏之家族世系，可參《常熟孫氏宗譜》。關於孫朝肅、朝讓兄弟事蹟，可
　　　　　參（清）高士鸃、楊振藻修、錢陸燦等纂：《常熟縣志》卷之十八，〈邑人〉。
〔註146〕　（清）李延昰撰：《南吳舊話錄》卷下，〈范更生美姿容〉條，頁二六一。又
　　　　　見謝國楨撰：《明清之際黨社運動考》，〈七　復社始末上〉，頁一二三等。
〔註147〕　見《柳南隨筆　續筆》，頁三〇。又，（清）吳翯輯：《復社姓氏錄》，〈南直蘇
　　　　　州府常熟〉，有「孫朝讓光甫」之名。
〔註148〕　（清）杜登春撰：《社事始末》。
〔註149〕　（清）王應奎撰：《柳南隨筆》卷二，見《柳南隨筆　續筆》，頁三四至三五。
　　　　　關於同聲社與幾社之淵源關係，可參謝國楨撰：《明清之際黨社運動考》，〈九
　　　　　幾社始末〉，頁一五三至一六六等。
〔註150〕　見（清）胥庭清撰：《聽江冷署》卷首，白夢鼐〈序〉。
〔註151〕　（清）杜登春撰：《社事始末》。婁東，即指張溥。至於浙江嘉興府嘉善縣人
　　　　　張辰，疑爲浙江同盟文社中人物，可參謝國楨撰：《明清之際黨社運動考》，〈十

應為明末清初以孫曙為首的政治性文社集團。

　　而涉案的另一方，題奏者馮銓、宋權，則屬於與江南黨社集團相敵對之政治派別或集團。馮銓、宋權事蹟，備載於《清史列傳》、《清史稿》本傳等。現迻錄《清史列傳》馮銓本傳所載明啓、禎兩朝馮銓與黨爭有關事蹟，以見梗概。傳文略云：

　　　　天啓四年，魏忠賢進香涿州，銓跪謁道左，泣訴父為東林黨陷害，忠賢憐之，起故官。洊陞少詹事，充講官。副都御史楊漣劾忠賢二十四罪，忠賢懼，求助外廷，銓具書於忠賢佽良卿，言外廷不足慮，且教之行廷杖，興大獄。銓與錦衣衛都督田爾耕、左都御史崔呈秀、給事中李魯生等，並諂事忠賢（中略。）先是，熊廷弼經略遼東，以廣寧失守下獄，大理丞徐大化獻策忠賢，宜並坐楊漣等納廷弼賄，殺之有名，忠賢從之。銓素與廷弼隙，於講筵出書肆所刊《遼東傳》進呈，曰：「此廷弼所作，希脫逃罪耳。」遂殺廷弼，傳首九邊。（中略。）六年正月，充《三朝要典》總裁官。四月，晉少保，兼太子太保、户部尚書、武英殿大學士。時太監涂文輔為忠賢腹心，人為之語曰：「内有涂文輔，外有馮振鷺。」振鷺者，銓字也。《要典》成，榜東林黨人姓名示天下，而於崔呈秀無美辭，忠賢心銜之。會呈秀亦與銓交惡，其黨孫傑、霍維華嗾職方郎中吳淳夫上疏力攻之，御史盧承欽復劾銓納賄居間數事，遂罷職。

　　　　崇禎初，忠賢既伏罪，給事中李遇知於贓罰庫得銓罷官後為忠賢上壽詩百韻，劾銓與忠賢交結，論杖徒，贖為民。〔註152〕

又，《崇禎長編》卷之十七，崇禎二年己巳正月丁丑定逆案條，有魏忠賢黨名冊，其中一款「雖未祠頌陰行贊導削籍者二十人」，第五人即馮銓〔註153〕。以上可證，馮銓原屬魏忠賢黨，與東林黨及其相關文社敵對。終明之世，馮銓屢謀起廢而不可得，皆因曾列名逆案〔註154〕。入清後，馮銓復致身通顯，卻

　　　一　浙中諸社附閩中諸社〉，頁一七七至一九三等。

〔註152〕《清史列傳》卷七十八，〈貳臣傳甲〉，〈馮銓〉，第二〇冊，頁六五五四至六五五五。與馮銓有關之明啓、禎兩朝黨爭部分，可參謝國楨撰：《明清之際黨社運動考》，〈三　東林黨議及天啓間之黨禍〉、〈四　崇禎朝之黨爭〉，頁三八至六〇等。

〔註153〕《崇禎長編》卷之十七，載《明實錄》附錄之四，第九二冊，頁0986。此本據史語所藏舊鈔本影印。

〔註154〕可參（清）張廷玉等撰：《明史》卷三百八，〈列傳一百九十六〉，〈奸臣〉，〈周

又因此而頻遭南黨攻擊〔註155〕，故於順治五年聯合姻戚宋權〔註156〕，重施構陷熊廷弼之故伎，引發本案，殊有可能藉題發揮，以遂其報政治黨派恩怨之私衷。

再以題本內容而言，本案致案原因，有孫曙等人坊刻制藝文之「序文止寫丁亥干支，並無順治年號」，「今此輩刪去不用，心無本朝，陽順陰逆，罪犯不赦之條矣」，以及「孫曙之《了閑》、張辰之《麟雯》、毛重倬之《著書》、胥庭清之《連雲》、史樹駿、繆慧遠之《眞稿》序文，皆無年號，閃爍延慢，全無□義，不可理解」二端，皆與事主所處時代精神、地域文化、黨社風習和家族傳統之影響攸關。

前者事關清初政治和文化領域的正閏之爭問題。眾所周知，江、浙地區在明清兩代的統治中具有舉足輕重的地位和作用。明代，以陪都南京爲中心的江、浙地區，就是全國的又一政治中心，也是經濟高度發達的區域和人文淵藪之地。其濃郁的政治氛圍、雄厚的經濟基礎與悠久的文化傳承和歷史積澱，遂形成龐大的士紳階級。這一士紳階級擁有諸方面的優勢，在當地的政治、經濟、文化和社會生活中成爲主流勢力，發揮著巨大的作用和影響力，並對本朝保持高度的認同感。明清更替之際，這種強烈的認同感表現爲對南明諸政權的擁立和江、浙反清運動的風起雲湧，即認同南明諸政權的政治地位。而清廷欲確立和穩固在南方乃至在全國的統治，獲取政治、文化的統治地位，贏得世人對其「治統」的認同，除運用軍事征服以外，推行基本的政治、文化政策則是一種必不可少的方法。這種基本的政治、文化政策的具體措施之一，便是要求文人士子書寫、使用新朝年號紀年，奉之爲正朔，以表示前朝遺民對新朝的政治認同，承認新朝的「治統」地位，即前引馮、宋題本所說的「凡著書必繫年號，以尊一統，歷代皆然」。孫曙等既爲傳統士人，理當深諳此理，其制藝文字不書順治年號，恐非無心之失，或與各人家世、經歷和所受前朝的政治、文化教育有關涉，而用舊日文人的「春秋筆法」表達對前朝的思念、留戀之情。

後者則涉及明末清初文學領域的制藝風格嬗變問題。明代，江、浙地區

延儒〉，第二六冊，頁七九二五至七九三一等。

〔註155〕《清史列傳》卷七十八，〈貳臣傳甲〉，〈馮銓〉，第二〇冊，頁六五五六等。

〔註156〕馮銓和宋權之姻戚關係，可參張昇撰：〈馮銓史事雜考〉，〈二、關於馮銓的關係網〉，載《清史研究》，一九九八年第三期，頁90至92等。

文化發達，風尚華麗，至明末，各種學風並行〔註157〕。孫曙等受社會和傳統文化的薰習，其文風不免帶有時代、地域、黨派和家族的烙印，反過來又影響當地文風，甚至牽涉對儒家經義的闡發。孫曙「好以駢體爲經義」，同聲社成員「多效其體以爲文，而風氣遂爲之一變」，其《了閑》一文「悉六朝麗語」，「風行海內，一時紙價頓高」，以及繆慧遠「學富而溢，文采炳蔚，見者愕眙，莫知其言之所從出」，「四方爭購其制義，所刻《雅慶堂稿》版至再易」，可爲明證。高壽仙〈明代制義風格的嬗變〉認爲，儘管呈現復歸於宗經復古、尚潔崇雅的趨向，啓、禎年間的制義仍敝壞已極。明中後期所出現和流行的坊刻時文，因其數量大、變化快，對士子和轉移制義時尚影響甚大，同時也漸趨奇詭，弊竇叢生，離經叛道，爲明末許多士大夫視爲敗壞文風士習的罪魁禍首之一〔註158〕。馮、宋可能也有懲於此明末流弊，顧慮「此輩使之治民必貪酷，使之治兵必叛逆，使之取士必通關節、結黨與，正理文字反因異己而不錄，其禍可勝言哉？」而意圖藉以振刷匡救，要求「將孫曙等革黜，行文該撫、按嚴拏重擬，仍將一應私行坊刻盡數焚毀，再有違犯，該撫、按、學臣徑自拏參，敢有狥縱者，治罪不宥。以後凡用試官、學臣，嚴考文行，毋循舊例，如此則積弊革而眞才可得矣」。

　　據前文事主事蹟考略所述，本案定讞可謂輕矣。其間必有現實眞切之緣故。至於本案如此結案的原因是否清廷入關未久，基礎未固，遂欲軟硬兼施，既調和明末遺留的政治黨派間之恩怨，又籠絡江、浙地區世家舊族和文人士子，憑藉各方勢力以確立、穩固其政治、文化統治，抑或效法明末東林黨黨魁錢謙益覘覦登萊巡撫之所爲，利用孫朝讓、孫曙等人與南安鄭氏的關係，多方交通或招撫鄭成功勢力〔註159〕等設想，雖有跡象可尋，然終因史乘闕如，推測不易，難於決言，當俟以後發現新材料，再行考論。

〔註157〕可參謝國楨撰：《明末清初的學風》，〈一　明末清初的學風〉，頁 1 至 52 等。
〔註158〕載朱誠如、王天有主編：《明清論叢》，第二輯，頁 435 至 436。
〔註159〕關於錢謙益覘覦登萊巡撫，藉曾官福建泉州府知府的同里舊交孫朝讓以交通鄭芝龍、鴻逵兄弟及其水軍事，可參陳寅恪撰：《柳如是別傳》，〈第四章　河東君過訪半野堂及其前後之關係〉，中冊，頁七四四至七四六等。又，鄭成功師從錢謙益，爲孫曙同門，見（民國）金鶴沖編：《錢牧齋先生年譜》，〈戊寅五十七歲〉條所引日本宮崎來城《鄭成功年譜》，葉七背面等。又，其時，鄭成功勢力的活動情況，略見於《清史列傳》卷八十，〈逆臣傳〉，〈鄭芝龍〉，第二○冊，頁六六九一至六六九二等。

第三節 莊廷鑨《明書輯略》案

古鎮南潯，地處太湖之南，本名潯溪，又名南林，宋理宗淳祐末年始建爲南潯鎮，元代屬江浙行省湖州路，明清時期屬浙江湖州府。南潯鎮「北負具區，南控烏戌，東遷拱其右，曹溪、震澤峙其左，姚田諸村鞏後之藩籬，陶墩十三都壯前之聲援，闔閭鱗次，煙火萬家，茗水流碧，舟航輻輳，雖吳興之東鄙，實江、浙之雄鎮」〔註160〕，鎮民「俗好儒術，罕尙武藝」，「士人多修雅，自好文學，烝烝甲於一邑」〔註161〕。而清聖祖康熙初年，此鎮文人即因文字著述罹禍。這就是莊廷鑨《明書輯略》案。

清初，莊廷鑨所屬的莊氏家族是南潯鎮的富室之一。莊氏家族，原「世居天水」，約在南宋初年，其中一支因避亂而遷居吳江，歷元、明兩朝，一度「單丁弱息，址業蕭然」，數傳後，「族齒漸繁，而家亦稍饒」，分成南北派〔註162〕。明中葉，族人莊鳳「贅五都陸家港盛氏爲婿」，始定居震澤陸家港，爲陸溪支祖〔註163〕，再數傳至莊期煥，「始遷居烏程之南潯，家巨富」〔註164〕。期煥子莊胤城，字大中，又字君維，安邑廩生，領明崇禎甲申鄉薦〔註165〕，「爲復社遺老」，「與其弟允坤、允垛，其子廷鑨、廷鉞，允垛子廷鑨、廷鎏、廷鏡、廷銑，俱以才學名著兩浙」，時湖州人譽之爲「九龍」〔註166〕。

〔註160〕（清）潘爾夔撰：《潯溪文獻》，轉引自（清）汪曰楨纂修：《南潯鎮志》卷一，〈疆域沿革附〉。

〔註161〕（清）汪曰楨纂修：《南潯鎮志》卷廿三，〈風俗〉。

〔註162〕（明）莊元臣撰：〈重修明朝莊氏族譜引略〉，轉引自（民國）周延年撰：《莊氏史案考》，頁1。

〔註163〕《莊氏族譜》，轉引自（民國）周延年撰：《莊氏史案考》，頁2；（清）翁廣平撰：〈書湖州莊氏史獄〉，見（清）沈起撰：《查繼佐年譜 查慎行年譜》，頁一五二。

〔註164〕（清）楊鳳苞撰：《秋室集》卷五，〈文〉，〈記莊廷鑨史案本末〉。莊期煥爲莊廷鑨祖父，見《莊氏族譜》，轉見（民國）周延年撰：《莊氏史案考》，頁2。又，（清）翁廣平撰：〈書湖州莊氏史獄〉云：「至允城始遷南潯」，見（清）沈起撰：《查繼佐年譜 查慎行年譜》，頁一五二。允城即胤城，爲莊廷鑨之父。今所見記此案之文多記作「允城」，疑後來清人追述時避清世宗諱。下同，不贅。

〔註165〕《莊氏族譜》，轉引自（民國）周延年撰：《莊氏史案考》，頁2。又，諸記是案之文皆謂其字君維，今兩存之。又，（清）楊鳳苞撰：《秋室集》卷五，〈文〉，〈記莊廷鑨史案本末〉，「維」作「唯」，恐誤。

〔註166〕（清）翁廣平撰：〈書湖州莊氏史獄〉，見（清）沈起撰：《查繼佐年譜 查慎

　　莊廷鑨，爲莊胤城之子〔註 167〕，字子相或子襄〔註 168〕，「年十九拔貢」〔註 169〕，不久「患瘋疾」，病癒後卻導致雙目失明〔註 170〕，「以史遷有『左丘失明，乃著《國語》』之說」，自居瞽史，「奮欲著書」成一家之言，以傳諸後世〔註 171〕。不過，莊廷鑨又被學者目爲「不甚通曉古今」〔註 172〕、「大約以才華著，而於史學或未見其長耳」〔註 173〕，欲憑一己的才學達成此目的，實力所不及。適其家與前明故閣輔朱國禎家相鄰。朱國禎，字文寧，諡文肅，原爲明天啓年間文淵閣大學士〔註 174〕，歸田後留心典故，仿廿一史例，撰著

行年譜》，頁一五二。允坤、允垛，原名當作胤坤、胤垛。據（民國）周延年撰：《莊氏史案考》考證，胤坤、胤垛皆爲胤城從弟，又謂「允垛子廷鑣、廷鋊、廷鏡、廷銃」皆當爲胤城胞弟胤堦之子，頁 2 至 3、80 等。

〔註 167〕《莊氏族譜》，稱莊胤城「子二，廷鑨，廷鉞」，轉見（民國）周延年撰：《莊氏史案考》，頁 2。又，（清）楊鳳苞撰：《秋室集》卷五，〈文〉，〈記莊廷鑨史案本末〉，稱莊胤城「生三子，廷鑨，其長也」；（清）顧炎武撰：《亭林文集》卷之五，〈書吳潘二子事〉，稱莊廷鑨爲莊胤城三子中之次子，見《顧亭林詩文集》，頁一一五；未知孰是，俟考。

〔註 168〕《莊氏族譜》，轉見（民國）周延年撰：《莊氏史案考》，頁 4；（清）楊鳳苞撰：《秋室集》卷五，〈文〉，〈記莊廷鑨史案本末〉。又，（清）翁廣平撰：〈書湖州莊氏史獄〉，稱廷鑨之字爲子美，見（清）沈起撰：《查繼佐年譜　查慎行年譜》，頁一五三，誤。又，（清）陳寅清撰：《榴龕隨筆》，稱子相爲廷鋊，見商務印書館校訂：《莊氏史案附秋思草堂遺集》，葉一正面，亦誤。又，（民國）孟森撰：〈書明史鈔略〉，考莊廷鑨應單名「鑨」或「龍」，「其在家命名實作廷鋊」。

〔註 169〕（清）翁廣平撰：〈書湖州莊氏史獄〉，見（清）沈起撰：《查繼佐年譜　查慎行年譜》，頁一五三。郭成康、林鐵鈞撰：《清朝文字獄》，〈清朝文字獄要案始末〉，〈二　血染莊氏《明史》獄〉，謂：莊廷鑨「十五歲從縣學考選至京都入國子監，中拔貢」，頁 83 至 84，未知何據，俟考。

〔註 170〕（清）楊鳳苞撰：《秋室集》卷五，〈文〉，〈記莊廷鑨史案本末〉。

〔註 171〕（清）顧炎武撰：《亭林文集》卷之五，〈書吳潘二子事〉，見《顧亭林詩文集》，頁一一五；（清）楊鳳苞撰：《秋室集》卷五，〈文〉，〈記莊廷鑨史案本末〉；（清）翁廣平撰：〈書湖州莊氏史獄〉，見（清）沈起撰：《查繼佐年譜　查慎行年譜》，頁一五三。又，（民國）周延年撰：《莊氏史案考》，引《董志》謂莊廷鑨之奮欲著書乃因其妻受辱自縊，頁 4。「左丘失明，乃著《國語》」，原句爲（漢）司馬遷撰：《史記》卷一百三十，〈太史公自序第七十〉所云：「左丘失明，厥有《國語》」，第十冊，頁三三〇〇。

〔註 172〕（清）顧炎武撰：《亭林文集》卷之五，〈書吳潘二子事〉，見《顧亭林詩文集》，頁一一五。

〔註 173〕（清）翁廣平撰：〈書湖州莊氏史獄〉，見（清）沈起撰：《查繼佐年譜　查慎行年譜》，頁一五六。

〔註 174〕關於朱國禎之生平事蹟，可參《明史》卷二百四十，〈列傳第一百二十八〉，

本朝史乘〔註175〕，「嘗取國事及公卿志狀疏草命胥鈔錄，凡數十帙，未成書而卒」〔註176〕，部分未刊書稿係「列傳稿本」，「秘藏於家」〔註177〕。入清後，朱氏家道中落，其子孫遂將此書稿典賣於莊廷鑨〔註178〕。而清初，私家撰修明史的風氣又盛於一時〔註179〕。於是，莊廷鑨重金聘得名士賓客茅元銘、吳炎、吳楚、吳之銘、吳之鎔、張雋、唐元樓、嚴雲起、蔣麟徵、潘檉章、李劻燾、茅次萊、董二酉和韋全祐及其子某等十餘人，「日夜編輯」，「增損修飾，而論斷仍署朱史氏」，又參用茅瑞徵《五芝紀事》和《明末啓禎遺事》二書，「續纂天啓、崇禎兩朝事」而成書〔註180〕。清世祖順治十二年，莊廷鑨死，無子，而「家貲可萬金」，其父莊胤城「哀其志」，決意「先刻其書，而後爲之置嗣」〔註181〕，請前明禮部主事李令晳撰序，「於鎮北圓通庵召匠刻之」，書首刻參校諸人之名〔註182〕。莊廷鑨岳父、南潯富豪朱佑明主持「剞劂事」，將自家得自朱國禎家的「清美堂」匾號刻入書板，名「清美堂藏板」，「欲附名以傳」，也爲與早已刊行的朱國禎《皇明史概》的版式相整齊〔註183〕。此書

　　　　〈朱國祚〉所附〈朱國禎〉，第二〇冊，頁六二五一；以及相關地方志本傳等。

〔註175〕　（清）費之墀撰：《恭庵日記》，轉見（民國）周慶雲纂：《南潯志》卷四十二，〈大事記一〉。

〔註176〕　（清）顧炎武撰：《亭林文集》卷之五，〈書吳潘二子事〉，見《顧亭林詩文集》，頁一一五。

〔註177〕　（清）楊鳳苞撰：《秋室集》卷五，〈文〉，〈記莊廷鑨史案本末〉；（清）陳寅清撰：《榴龕隨筆》，見商務印書館校訂：《莊氏史案附秋思草堂遺集》，葉一正面。

〔註178〕　（民國）周延年撰：《莊氏史案考》，引《董志》謂「典銀五兩」，頁5。而（清）全祖望撰：《鮚埼亭集外編》卷二十二，〈記七〉，〈江浙兩大獄記〉，謂「以稿本質千金於莊廷鑨」，見《全祖望集彙校集注》，中冊，頁一一六八。未知孰是，俟考。

〔註179〕　可參閱暴鴻昌撰：〈論清初私撰明史風氣〉。

〔註180〕　（清）費之墀撰：《恭庵日記》，轉見（民國）周慶雲纂：《南潯志》卷四十二，〈大事記一〉；（清）楊鳳苞撰：《秋室集》卷五，〈文〉，〈記莊廷鑨史案本末〉；（清）顧炎武撰：《亭林文集》卷之五，〈書吳潘二子事〉，見《顧亭林詩文集》，頁一一五。關於此書參校諸人之生平事蹟和結局，亦可參謝國楨撰：〈莊氏史案參校諸人考〉；（民國）周延年撰：《莊氏史案考》，頁11至51等。

〔註181〕　（清）顧炎武撰：《亭林文集》卷之五，〈書吳潘二子事〉，見《顧亭林詩文集》，頁一一五。

〔註182〕　（清）陳寅清撰：《榴龕隨筆》，見商務印書館校訂：《莊氏史案附秋思草堂遺集》，葉一正面；（清）楊鳳苞撰：《秋室集》卷五，〈文〉，〈記莊廷鑨史案本末〉。

〔註183〕　（清）翁廣平撰：〈書湖州莊氏史獄〉，見（清）沈起撰：《查繼佐年譜　查慎行年譜》，頁一五二至一五三；（清）楊鳳苞撰：《秋室集》卷五，〈文〉，〈記

的刊刻歷時五年，於順治十七年冬刊成，凡百餘帙，書名《明書輯略》，「頗行於世」〔註184〕。

關於莊氏此書的書名，時人記載已有不同。顧炎武《亭林文集》和陳寅清《榴龕隨筆》皆作《明書》〔註185〕。費之墀《恭庵日記》稱爲《明史輯略》〔註186〕。楊鳳苞《秋室集》記作《明書輯略》〔註187〕。今錢茂偉〈莊廷鑨修史考論〉以爲《明史輯略》較可信〔註188〕。筆者以爲，顧、陳之說只是一種約略的說法，而費氏之說則異於中國古代史書命名之通例與傳統。據陳寅清《榴龕隨筆》所記是書「無〈志〉、〈表〉、〈帝紀〉、〈世家〉，止有〈列傳〉」等有關記載〔註189〕，當以《輯略》爲是。若按中國古代史書命名之通例與傳統，斷代史書名曰「書」，通史書則名曰「史」〔註190〕，是書所記爲有明一代之史，而非數代之通史，宜用《明書》之稱。據此，當以楊鳳苞之說爲是，莊氏此書應名《明書輯略》。

《明書輯略》行世後，學者顧炎武等認爲：「書冗雜不足道也」，且「頗有忌諱語，本前人詆斥之辭未經刪削者」〔註191〕，「況無〈志〉、〈表〉、〈帝紀〉、〈世家〉，止有〈列傳〉，即王陽明一傳，有上下卷，共三百餘頁，其冗長無體裁可知已」〔註192〕。順治十八年十二月，列名參校的查繼佐、范驤和陸圻等三人得友人告誡提醒，以未參與是書編纂事，具文報呈署理提刑按察使存案，被拒，次年初，即康熙元年正月，復經嚴州司理糍永福稟提督學政道胡

莊廷鑨史案本末〉。
〔註184〕（清）楊鳳苞撰：《秋室集》卷五，〈文〉，〈記莊廷鑨史案本末〉。
〔註185〕（清）顧炎武撰：《亭林文集》卷之五，〈書吳潘二子事〉，見《顧亭林詩文集》，頁一一五；（清）陳寅清撰：《榴龕隨筆》，見商務印書館校訂：《莊氏史案附秋思草堂遺集》，葉一正面。
〔註186〕（清）費之墀撰：《恭庵日記》，轉見（民國）周慶雲纂：《南潯志》卷四十二，〈大事記一〉。
〔註187〕（清）楊鳳苞撰：《秋室集》卷五，〈文〉，〈記莊廷鑨史案本末〉。
〔註188〕見《寧波大學學報》（人文科學版），第11卷第3期，頁58。
〔註189〕（清）陳寅清撰：《榴龕隨筆》，見商務印書館校訂：《莊氏史案附秋思草堂遺集》，葉二背面。
〔註190〕見〔美〕楊聯陞撰：〈二十四史名稱試解〉，載氏著《國史探微》，頁三四一至三四九。
〔註191〕（清）顧炎武撰：《亭林文集》卷之五，〈書吳潘二子事〉，見《顧亭林詩文集》，頁一一五。
〔註192〕（清）陳寅清撰：《榴龕隨筆》，見商務印書館校訂：《莊氏史案附秋思草堂遺集》，葉二背面。

尚衡，轉批湖州府學查報〔註193〕。湖州府學教諭趙君宋「即買書一部」，命本學廩生俞世禎「檢閱磨勘，摘出數十條，出榜列於學門」，並呈報提督學政道。莊胤城知悉後，「上下行賄，竄易書中忌諱處，改刊數十葉，仍然印行，又賄巡道張武烈，持君宋私款」反告，使之不敢妄生事端，並通關節，將改刊之書呈送禮部、通政司和都察院三衙門檢察備案。三衙門又轉批湖州府，「推官李煥斥申文遂有『既經部院檢察，便非逆書』之語」。莊胤城因此也以為「事可消弭矣」〔註194〕。詎意，時官湖州府知府的陳永命與其科舉房師、前督理糧儲道李廷樞聞訊，聯手訛詐莊胤城。而陳永命甚貪，獨吞莊家的賄銀，下令追繳書板，悉數劈毀。李廷樞分文未得，氣惱之下，轉託兒女親家吳之榮向莊胤城敲詐索賄〔註195〕。

　　吳之榮，江西撫州府臨川縣人，順治八年官歸安知縣，後與時為督理糧儲道的李廷樞相互揭參，皆革職，入獄五、六年，遇赦出獄，竟與李廷樞和好、聯姻，但仍需追償贓款八萬兩。稍後，吳之榮得到自己官歸安知縣時的屬吏施鯨伯之助，獲取官府允准，回到湖州，為償還贓款和滿足己之貪欲，「日日捏人拷詐」，「在湖三年，所詐之贓，約數十萬」〔註196〕。這時，吳之榮又

<hr>

〔註193〕（清）范韓撰：〈范氏記私史事〉，見（民國）周延年輯：《南林叢刊》次集；（清）陸莘行撰：〈老父雲遊始末〉，見商務印書館校訂：《莊氏史案附秋思草堂遺集》之《秋思草堂遺集》，頁一。檢（清）王國安、石琳修、張衡纂：《浙江通志》卷之二十二，〈職官〉，是時浙江提刑按察使應為法若真，而（清）范韓撰：〈范氏記私史事〉謂「署臬熊公」，未知孰是，俟考。

〔註194〕（清）費之墀撰：《恭庵日記》，轉見（民國）周慶雲纂：《南潯志》卷四十二，〈大事記一〉；（清）楊鳳苞撰：《秋室集》卷五，〈文〉，〈記莊廷鑨史案本末〉。俞世禎即陳旦升，張書才、杜景華主編：《清代文字獄案》之〈莊廷鑨《明史輯略》案〉，以為兩人，頁3，誤。「巡道」，正式名稱為分守杭嘉湖道。《恭庵日記》稱莊胤城所通關係為「前守道現任通政司王元祚」；〈記莊廷鑨史案本末〉記作「王允祚」；（清）王國安、石琳修、張衡纂：《浙江通志》卷之二十二，〈職官〉，作「順天文安人王尹祚」；（清）周家楣等修、張之洞、繆荃孫纂：《順天府志》卷九十九，〈人物志九〉，及（清）楊朝麟修、胡洺等纂：《文安縣志》卷四，〈鄉賢〉，皆作「王景祚」，謂其歷任杭嘉湖道、太常寺少卿、通政司右左通政、奉天府尹；錢實甫編：《清代職官年表》，〈京卿年表〉，康熙六年丁未奉天府尹欄，有「王印祚」，第二冊，頁1137；則可知即同一人。

〔註195〕（清）費之墀撰：《恭庵日記》，轉見（民國）周慶雲纂：《南潯志》卷四十二，〈大事記一〉；（清）楊鳳苞撰：《秋室集》卷五，〈文〉，〈記莊廷鑨史案本末〉。

〔註196〕（清）費之墀撰：《恭庵日記》，轉見（民國）周慶雲纂：《南潯志》卷四十二，

欲挾《明書輯略》初刊本,「恐嚇莊氏」,詐取財貨。莊胤城則經人勸說,自恃此書改刊本已經三衙門檢察備案,不爲所動。吳之榮敲詐不成,就向杭州將軍科魁出首逆書〔註 197〕。莊胤城則託府學諸生徐典「轉央松江提督梁化鳳」,「致書饋禮」於科魁〔註 198〕。科魁便擲還原書,不予受理〔註 199〕。吳之榮忿忿之餘,親至莊胤城、朱佑明兩家,「冀其稍饋以解慚」,反遭兩家婢嫗辱罵。莊胤城更訟諸分守杭嘉湖道張武烈,兩次將之「逐押境外」。吳之榮受此羞辱,憤欲雪恥,遂挾《明書輯略》初刊本入都,因與撰序的李令晳有交情,也無意涉及參校諸人,只圖構陷莊、朱等人,故扯毀序文和列有參校人名的數葉,於康熙元年八月「以造寫逆書爲題,而加朱史氏即朱佑明刊一條,增入書內,首於刑部」〔註 200〕,又向顧命四大臣索尼、蘇克薩哈、遏必隆、鰲拜等奏報。四大臣乃派員赴湖州查辦,終於釀成文字獄大案。

　　據陳寅恪先生考證,是時,清世祖崩殂未久,清聖祖幼主新立,「東南人心震動」,當日參與復明運動諸遺民大都認爲「明室中興之希望尚在」,諸復明勢力伺機而動,而清廷於江、浙區域也特加注意,時時欲行鎮壓。其間情勢很是微妙。吳之榮之出首,正爲清廷對江、浙地區的文人士子厲行鎮壓覓

〈大事記一〉。(清)姚時亮、何國祥修、王啓允、嚴經世纂:《歸安縣志》卷三,〈秩官表〉,謂吳之榮爲「臨川人,正紅旗籍,順治八年任」,其下任爲荊彥,「涇陽人,進士,順治十一年任」,可知吳之榮與李廷樞互參,並被革職入獄,當在順治十一年前後。又,(清)李堂纂修:《湖州府志》卷第二十八,〈州縣表〉,則謂吳之榮屬正白旗。俟考。又,檢(清)童範儼等修、陳慶齡等纂:《臨川縣志》;(清)羅復晉修、李茹旻等纂:《撫州府志》;(清)許應鑅、朱澄瀾等修、謝煌等纂:《撫州府志》等;皆無吳之榮其人。俟考。

〔註 197〕 (清)顧炎武撰:《亭林文集》卷之五,〈書吳潘二子事〉,見《顧亭林詩文集》,頁一一五;(清)費之墀撰:《恭庵日記》,轉見(民國)周慶雲纂:《南潯志》卷四十二,〈大事記一〉;(清)楊鳳苞撰:《秋室集》卷五,〈文〉,〈記莊廷鑨史案本末〉。科魁,又作柯奎,本文著錄係據錢實甫編:《清代職官年表》,〈駐防大臣年表〉,第三冊,頁 2228。又,(清)全祖望撰:《鮚埼亭集外編》卷二十二,〈記七〉,〈江浙兩大獄記〉,見《全祖望集彙校集注》,中冊,頁一一六八;(清)翁廣平撰:〈書湖州莊氏史獄〉,見(清)沈起撰:《查繼佐年譜　查慎行年譜》,頁一五四;皆謂(杭州)將軍爲松魁,誤。

〔註 198〕 (清)費之墀撰:《恭庵日記》,轉見(民國)周慶雲纂:《南潯志》卷四十二,〈大事記一〉。

〔註 199〕 (清)范韓撰:〈范氏記私史事〉,見(民國)周延年輯:《南林叢刊》次集。

〔註 200〕 (清)費之墀撰:《恭庵日記》,轉見(民國)周慶雲纂:《南潯志》卷四十二,〈大事記一〉;(清)范韓撰:〈范氏記私史事〉,見(民國)周延年輯:《南林叢刊》次集。

得藉口，「莊氏史案之主要原因，實在於此」〔註201〕。這年十月，清廷差刑部侍郎羅多等「馳驛至湖州」，欲調取《明書輯略》書板查驗。因前任湖州府知府陳永命早將書板劈毀，新任知府譚希閔對書板之事懵不知曉，又不肯賄賂羅多。羅多未得書板，心中記恨譚希閔，即拏莊胤城、朱佑明、查繼佐和趙君宋等人，將莊胤城、查繼佐等解京刑訊。冬末，莊胤城不勝刑訊的毒楚，瘐死獄中，被磔屍〔註202〕。朱佑明和趙君宋爲自救而合謀。趙君宋自首有《明書輯略》初刊本一部，與吳之榮出首之書內容不同，並無「朱史氏即朱佑明」之句，欲開脫朱佑明，不想書被起出後，弄巧成拙，以致坐私藏逆書的死罪，又暴露李令晳和列名參校諸人。康熙二年正月，清廷再派吳、戴二侍郎南下定讞，二十日，「絕早到湖州，閉城門」，「帶旗下披甲數百，並杭嚴道及部撫標兵又數百人」，命城中文武各官按圖索驥，分頭密拏張武烈、譚希閔、李煥等涉案人物及其家屬、親戚、友鄰等，「攀染無數，凡藏書者，與著書一體同罪，嚴旨逮捕」，「其他姻黨親戚，一字之連，一詞之及，無不就捕，每逮一人，則其家男女百口皆鋃鐺同縛」，「不知幾千百人」，「累累滿獄」，「婦女衣帶及髮悉剪去，恐其自經，男子皆鍛煉極刑，攀染及江南」〔註203〕。在鞫訊時，受審者「或有改辭以求脫者」，卻也有如吳炎、潘檉章者，或「獨慷

〔註201〕陳寅恪撰：《柳如是別傳》，〈第五章　復明運動附錢氏家難〉，下冊，頁一○一一、一○八八、一一八一至一一八三等。又，（清）張煌言撰：《張蒼水集》，第一編，〈冰槎集〉，〈上延平王書〉，頁一八至二○，可爲旁證。關於本案致案的別種原因，可參郭成康、林鐵鈞撰：《清朝文字獄》，〈清朝文字獄要案始末〉，〈二　血染莊氏《明史》獄〉，頁92至94。

〔註202〕（清）楊鳳苞撰：《秋室集》卷五，〈文〉，〈記莊廷鑨史案本末〉。又，檢錢實甫編：《清代職官年表》，〈部院滿侍郎年表〉，康熙六年丁未工部右侍郎欄，有「（漢）羅多」之名，注明爲「刑郎遷」，第一冊，頁350，則羅多似屬漢軍旗，原任刑部侍郎，可謂爲「旗人」。楊、費等人記羅多爲「滿人」，未盡確當。

〔註203〕（清）費之墀撰：《恭庵日記》，轉見（民國）周慶雲纂：《南潯志》卷四十二，〈大事記一〉；（清）王家禎撰：《研堂見聞雜記》，葉三十九背面至四十背面；（清）范韓撰：《范氏記私史事》，見（民國）周延年輯：《南林叢刊》次集；（清）陸莘行撰：《老父雲遊始末》，見商務印書館校訂《莊氏史案附秋思草堂遺集》之《秋思草堂遺集》；（清）楊鳳苞撰：《秋室集》卷五，〈文〉，〈記莊廷鑨史案本末〉。關於《研堂見聞雜記》之著者，《痛史》本原題「婁東無名氏」，本文所據爲上海圖書館編：《中國叢書綜錄》，〈子目分類目錄〉，第二冊，頁352。又，檢錢實甫編：《清代職官年表》，〈部院漢侍郎年表〉，康熙元年壬寅刑部左右侍郎欄，有「吳正治」，第一冊，頁549，豈清廷所派之吳侍郎即刑部漢侍郎吳正治耶？戴侍郎亦不知何許人，皆俟考。

慨大罵，官不能堪，至拳踢仆地」，或「以有母故，不罵亦不辨」〔註204〕。朱佑明也因其「清美堂」號未能脫罪〔註205〕。

關於莊廷鑨《明書輯略》初刊本的致罪內容，當事人范驤之子范韓回憶，審訊時，「奉旨諭，承審大人及督撫問：書內讚揚故明，譭謗本朝，是何情由？著嚴刑夾訊。呼太祖為某子，是何情由？著嚴刑夾訊。呼尚王、耿王為尚賊、耿賊，是何情由？著嚴刑夾訊。呼本朝為後金，是何情由？著嚴刑夾訊。共八條，其四條，年久，余忘之矣」，「此其尤大彰明較著者也」〔註206〕。時人也記載：「其所續烈皇帝朝諸傳，於我朝龍興事有犯」〔註207〕。莊廷鑨《明書輯略》初刊本今已不可見，未能更知其詳。而存世的四部叢刊本《明史鈔略》絕非莊氏原書〔註208〕。如，陳寅清《榴龕隨筆》記：

> 或問逆書致罪之由，余不知其細，但聞之前人曰：如書中所云「王某孫婿」，即清之德祖；所云「建州都督」，即清之太祖也；而直書名。又云「長山剚而銳士飲恨於沙燐，大將還而勁卒銷亡與左衽」。如此之言，散見於李如柏、李化龍、熊明遇傳中。又指孔、耿為叛。又自丙辰迄癸未俱不書清年號，而於隆武、永曆之即位、正朔，必大書特書。其取禍之端有如此。〔註209〕

所言得自傳聞，至於「於隆武、永曆之即位、正朔，必大書特書」一句，顯然與諸家謂莊氏之書止於明天啓、崇禎兩朝的記載相牴牾，尤為無稽之談，疑皆出於後世好奇者所編造，殊不足以徵信〔註210〕。僅據上引范韓等所記已可知，莊廷鑨《明書輯略》初刊本所言，涉及清室入關前之史實。書內「讚揚故明，譭謗本朝」，雖然語義籠統抽象，但不難體會其中對清廷的態度；「呼太祖為某子」，疑指清太祖為明將李成梁義子之事，於「敬天法祖」的清代君

〔註204〕 （清）顧炎武撰：《亭林文集》卷之五，〈書吳潘二子事〉，見《顧亭林詩文集》，頁一一五至一一六。

〔註205〕 （清）費之墀撰：《恭庵日記》，轉見（民國）周慶雲纂：《南潯志》卷四十二，〈大事記一〉。

〔註206〕 （清）范韓撰：〈范氏記私史事〉，見（民國）周延年輯：《南林叢刊》次集。

〔註207〕 （清）王家禎撰：《研堂見聞雜記》，葉三十九背面。

〔註208〕 （民國）孟森撰：〈書明史鈔略〉。又，《明史鈔略》，見《四部叢刊三編》（九）。

〔註209〕 （清）陳寅清撰：《榴龕隨筆》，見商務印書館校訂：《莊氏史案附秋思草堂遺集》，葉二。

〔註210〕 （民國）孟森撰：〈書明史鈔略〉。郭成康、林鐵鈞撰：《清朝文字獄》，〈清朝文字獄要案始末〉，〈二　血染莊氏《明史》獄〉，則對《明史鈔略》和陳寅清《榴龕隨筆》所載信之不疑，頁87至89，誤。

主〔註211〕而言，無疑是對其祖先的藐視和大不敬，也是其深所忌諱之事；「呼尚王、耿王爲尚賊、耿賊」、「呼本朝爲後金」，將爲清廷建功的尚可喜、耿仲明看作「賊」，將清廷看作與宋同時並存的少數民族政權金朝的繼承者，是站在以明朝和宋朝爲正朔的立場上，有貶斥和否認清廷「治統」等意。其所敘的史事和文辭的褒貶，既是對清室自詡爲明敵國而非屬部之說和其敬天法祖之心的否定，更是對清廷確立和鞏固「治統」及世人對其「治統」之認同的考驗，自不能爲清廷所容忍。

康熙二年五月，獄決。二十六日，編撰、刊刻和買賣《明書輯略》之人與庇護莊、朱兩家的部分官員及其親屬，均奉旨處決〔註212〕。此案「得重辟者七十人，淩遲者十八人」，「男十三以下、妻、女，並沒入爲奴」〔註213〕。清廷又發莊廷鑨墓，剖棺戮屍，毀墓前「才高班馬」坊〔註214〕。杭州將軍科

〔註211〕關於清室敬天法祖之心之力，可參（民國）孟森撰：〈讀清實錄商榷〉，見《明清史論著集刊》，下冊，頁六一九至六二三。

〔註212〕（清）范韓撰：〈范氏記私史事〉，見（民國）周延年輯：《南林叢刊》次集。又，（清）翁廣平撰：〈書湖州莊氏史獄〉，記這些案內人犯「同磔於杭之弼教坊。時癸卯五月五日也」，見（清）沈起撰：《查繼佐年譜　查慎行年譜》，頁一五四。「五月五日」，疑是清廷決獄之日，而非執刑之日，俟考。「弼教坊」，考（明）劉伯縉修、楊鼐纂：《萬曆杭州府志》卷之三十八，〈公署二〉云：「浙江等處提刑按察司，在前洋街紀家橋」，署外有「長生街」，「街東西復建坊，東曰『端本』，西曰『澄源』。由街東出，至睦親坊外，臨通衢，別建坊，曰『弼教』」；清代因之，故（清）陳璂修、王棻纂、（民國）屈映光續修、陸懋勳續纂、齊耀珊重修、吳慶坻重纂：《杭州府志》卷十八，〈公署一〉，所載略同。

〔註213〕（清）王家禎撰：《研堂見聞雜記》，葉四十背面等。又，（清）張鑑：《蠅鬚館叢話》卷二十九，取顧炎武、全祖望之說，云：「是獄也，死者七十餘人，遣戍者百餘人」，「《觚賸》作死者二百餘人，誤，并戍者而言也」，而「張石里紀事：屠戮數千百家」當湖盧仲山〈紀苕中獄事〉所言「江寧總督及浙郡守、烏程令皆坐斬，死者共數百人，其流徙及入官者千餘人」兩說「大謬」。（清）陳康祺：《郎潛紀聞初筆》卷十一，〈盛名爲累〉條云：「國初，莊廷鉞〔鑨〕、朱佑明私撰《明史》一案，名士伏法者二百二十一人。莊、朱皆富人，卷端羅列諸名士，蓋欲借以自重。故老相傳，二百餘人中，多半不與編纂之役」，當是取《觚賸》之說，見《郎潛紀聞初筆　二筆　三筆》，上冊，頁二三六至二三七。又，胡奇光撰：《中國文禍史》，〈第四章　清代——文禍悲劇的高潮（上）〉，〈三、康熙朝莊氏《明史》大獄〉，引《中國禁書大觀　中國禁書簡史》的看法，認爲此案實際被殺人數更多，至少在1000人左右，頁127，恐誤。

〔註214〕（清）顧炎武撰：《亭林文集》卷之五，〈書吳潘二子事〉，見《顧亭林詩文集》，頁一一五；（清）陸莘行撰：〈老父雲遊始末〉，見商務印書館校訂：《莊氏史

魁被革職，勒令歸旗。松江提督梁化鳳、浙江巡撫朱昌祚、提督學政道胡尚衡，俱奉旨免議。分守杭嘉湖道張武烈則以行賄得免罪復職〔註215〕。吳之榮則受賞，「給與莊、朱各犯財產十分之一」，「卒以此起用」，後仕至右僉都御史。查繼佐、范驤和陸圻等三人，因「投明在先」，「亦係首事之人」，無罪釋放，還賞給什物器用，但「三人均委之不顧而去」，陸圻更以僥倖得生，參透世情，離家逃禪，最後不知所終〔註216〕。這也可以說是清初文人士子的一種無奈的選擇。

第四節　戴名世《南山集》案

　　本案之發生，上距莊廷鑨《明書輯略》案約五十年。這時，清廷立國已久，國勢漸盛，朝臣、士紳多歸功於聖祖，頌爲至仁純孝〔註217〕，「文思既懋，聖武彌昭，雖曰守成，實符創業」、「舉堯、舜所謂惟危惟微，惟精惟一者，實有以體之於心，見之於身，施之於事」、「德與位稱，道與器俱」、「治統、道統萃於一人」〔註218〕，足以媲美上古三代的聖主。然而，戴名世的史

案附秋思草堂遺集》之《秋思草堂遺集》，葉七背面；（清）范韓撰：〈范氏記私史事〉，見（民國）周延年輯：《南林叢刊》次集；（清）汪曰楨撰：《潯輯》，轉見（民國）周延年撰：《莊氏史案考》，頁69。

〔註215〕　（清）費之墀撰：《恭庵日記》，轉見（民國）周慶雲纂：《南潯志》卷四十二，〈大事記一〉；（清）范韓撰：〈范氏記私史事〉，見（民國）周延年輯：《南林叢刊》次集。

〔註216〕　（清）費之墀撰：《恭庵日記》，轉見（民國）周慶雲纂：《南潯志》卷四十二，〈大事記一〉；（清）陸莘行撰：〈老父雲遊始末〉，見商務印書館校訂：《莊氏史案附秋思草堂遺集》之《秋思草堂遺集》；（清）楊鳳苞撰：《秋室集》卷五，〈文〉，〈記莊廷鑨史案本末〉；（清）全祖望撰：《鮚埼亭集外編》卷二十二，〈記七〉，〈江浙兩大獄記〉，見《全祖望集彙校集注》，中冊，頁一一六九。又，據（清）范韓撰：〈范氏記私史事〉云：「余至臬司獄中見胤城，莊老以到京叩闇呈稿示余，內云：查某始原共事，陸某曾借書到省一觀，范某從未識面，實不與聞，原書曾呈禮部，蒙批留備參考等語」，見（民國）周延年輯：《南林叢刊》次集，則可知查繼佐或參與莊氏修史事，情事重於范、陸。查繼佐之脫罪，世傳得力於吳六奇。如，（清）費之墀撰：《恭庵日記》，轉見（民國）周慶雲纂：《南潯志》卷四十二，〈大事記一〉；（清）鈕琇撰：《觚賸》正編卷七，〈粵觚上〉，〈雪遘〉條，頁一三一至一三三等。恐是後人附麗，然不敢決言，姑記於此，俟考。

〔註217〕　關於清聖祖的孝道，可參〔美〕吳秀良（Silas H. L. Wu）撰：《康熙朝儲位鬥爭記實》（*Passage to Power——K'ang-hsi and His Heir Apparent*，1661-1722）。

〔註218〕　（清）李紱撰：《穆堂初稿》卷之四十六，〈萬壽盛典賞兵卷跋〉、〈丁酉記注

觀，卻是對清初「治統」的挑戰。

戴名世，字田有，一字褐夫〔註219〕，號藥身，又號憂庵〔註220〕，江南安慶府桐城縣人，晚年居於縣之南山，人稱「南山先生」〔註221〕，生於清順治十年三月十八日〔註222〕。其「先世洪武初自徽之婺源徙居桐」〔註223〕，「家世躬耕讀書，仕宦皆不顯」〔註224〕。戴名世「自六歲從塾師受學，凡五年而《四書》、《五經》讀已畢」，「稍長，病有間，因窮六經之旨，稍見端倪，而旁及於周、秦、漢以來諸家之史，俯仰憑弔，好論其成敗得失，間嘗作爲古文以發抒其意」，「比讀書稍有得，年已二十矣」，時家境艱難，「亦謀授徒以養親」〔註225〕，康熙十九年，二十八歲始「入縣學爲諸生」〔註226〕。

戴名世於青少年時期「嘗有志，欲上下古今，貫穿馳騁，以成一家之言」〔註227〕，「將欲閉戶著書，以自見於後世」，因「多幽憂之思，性又不耽世榮，遂欲棄塵離俗，巖居川觀，爲逸民以終老」〔註228〕。〈記桐城方戴兩家書案〉亦載戴名世：

> 早年聰穎，才思豔發，好讀《左氏》、《太史公書》，尤留心有明

跋〉、〈萬壽盛典鑑儀卷跋〉等。又，可參閱黃進興撰：〈清初政權意識形態之探究：政治化的道統觀〉，載《中央研究院歷史語言研究所集刊》，第五十八本第一分，頁106至119。

〔註219〕見王樹民編校：《戴名世集》卷十四，〈田字說〉、〈褐夫字說〉，頁三八九至三九一；（清）徐宗亮撰：《善思齋文續鈔》卷二，〈傳狀〉，〈戴先生傳〉。又見王樹民編校：《戴名世集》附錄四，〈傳記資料〉，頁四六九。

〔註220〕見王樹民編校：《戴名世集》卷十四，〈藥身說〉、〈憂庵記〉，頁三九一、三八八至三八九；（清）蕭穆撰：《敬孚類稿》卷十，〈傳 事略〉，〈戴憂庵先生事略〉。又見王樹民編校：《戴名世集》附錄四，〈傳記資料〉，頁四七〇，唯誤作《敬孚類稿》卷九。

〔註221〕王樹民編校：《戴名世集》，〈前言〉，頁三。

〔註222〕（清）蕭穆撰：《敬孚類稿》卷十，〈傳 事略〉，〈戴憂庵先生事略〉。又見王樹民編校：《戴名世集》附錄四，〈傳記資料〉，頁四七三。

〔註223〕王樹民編校：《戴名世集》卷六，〈先君序略〉，頁一七三。關於戴名世之家族世系，可參鍾揚撰：〈《戴氏宗譜》與戴名世研究〉，載《安慶師院社會科學學報》，1998年第4期，頁82至84。

〔註224〕王樹民編校：《戴名世集》卷三，〈戴氏宗譜序〉，頁四七。

〔註225〕王樹民編校：《戴名世集》卷四，〈自訂時文全集序〉，頁一一七。

〔註226〕（清）蕭穆撰：《敬孚類稿》卷十，〈傳 事略〉，〈戴憂庵先生事略〉。又見王樹民編校：《戴名世集》附錄四，〈傳記資料〉，頁四七一。

〔註227〕王樹民編校：《戴名世集》卷一，〈與白藍生書〉；卷三，〈初集原序〉，頁一八、五九。

〔註228〕王樹民編校：《戴名世集》卷四，〈自訂時文全集序〉，頁一一七。

一代史事,網羅放矢,時訪明季遺老,考求故事,兼訪求明季野史,
參互考訂,以冀後來成書,仿太史公之意,藏之名山。嘗見方氏所
撰《滇黔紀聞》,未及深考。康熙某年,其門人有舒城余湛字石民者,
偶與釋氏犁支相晤,談桂王時事,蓋犁支本宦者,後因桂王爲吳三
桂所害,此宦者乃皈依釋氏,改名犁支。時名世聞之,乃往余生處
訪問,而犁支已去,不及相見,名世歸,乃屬余生將所聞於犁支者
一一書示。逾年,名世得余生所記,後得方氏《滇黔紀聞》,考其同
異,並以所疑致書於余生。乃康熙二十二年癸亥時事也。〔註229〕

在〈與余生書〉前後,戴名世還寫有表彰明末忠烈和記述南明史事的〈沈壽民
傳〉、〈楊維嶽傳〉、〈一壺先生傳〉、〈畫網巾先生傳〉、〈曹先生傳〉、〈朱銘德
傳〉、〈王學箕傳〉、〈吳江兩節婦傳〉和〈弘光乙酉揚州城守紀略〉等〔註230〕。

康熙二十四年,戴名世「以廩生得選拔貢生」〔註231〕,次年冬,蒙督學
使者李振裕之助,入京師,遊學於國子監,一年後,以選貢生的名義,補正
藍旗教習,考授知縣,未受,幾年間數次客居京師〔註232〕,結識劉齊、徐念
祖、汪份、劉巖、朱書、方苞、王源、萬斯同和劉獻廷等在京諸名士,又遊
歷燕、趙、齊、魯、河、洛、吳、越等地,以賣文、授徒和遊幕自給,「時時
著文以自抒湮鬱,氣逸發不可控馭」,致有「狂士」和「好罵人」之名。「馳
聲利挾權勢者則畏其口而忌其能」,戴名世的文名反而愈著〔註233〕。二十九
年,戴名世著成《孑遺錄》,記明末桐城被兵事,內有南明弘光年號〔註234〕,
後刊刻行世。四十一年,戴名世的門人尤雲鶚將「生平所鈔戴氏文百餘首,

〔註229〕(清)不具撰人名氏撰:〈記桐城方戴兩家書案〉。
〔註230〕見王樹民編校:《戴名世集》卷六、卷七、卷八、卷十三等,頁一五四至一五
六、一六〇至一六二、一六五至一六六、一六八至一七〇、一八四、二〇九
至二一一、二二五至二二六、三五〇至三六三等。其著成時間,見王樹民編
校:《戴名世集》,〈戴文繫年〉,頁四九〇至四九五等。
〔註231〕(清)蕭穆撰:《敬孚類稿》卷十,〈傳 事略〉,〈戴憂庵先生事略〉;又見王
樹民編校:《戴名世集》附錄四,〈傳記資料〉,頁四七一。
〔註232〕王樹民編校:《戴名世集》卷十一,〈北行日紀序〉;〈戴南山先生年譜(訂
補)〉,(康熙)二十四年乙丑條至三十六年丁丑條,頁二九一、五〇三至五〇
九等。
〔註233〕(民國)趙爾巽撰:《清史稿》卷四百八十四,〈列傳二百七十一〉,〈文苑一〉,
〈戴名世〉,第四四冊,頁一三三七〇;王樹民編校:《戴名世集》卷三,〈徐
詒孫遺稿序〉;卷一,〈與何屺瞻書〉;〈戴南山先生年譜(訂補)〉,(康熙)三
十七年戊寅條至四十三年甲申條,頁五五、一九、五〇九至五一三等。
〔註234〕王樹民編校:《戴名世集》,〈戴文繫年〉,頁四九一至四九二。

為之付梓，因卜居南山岡，即以《南山集》命名，此〈與余生書〉即刊入集中，自云此集僅得全集五股之一，其集頗流行外省」〔註235〕。此時，戴名世避世的思想已有所轉變〔註236〕。四十四年，戴名世參加順天鄉試，中第五十九名舉人，四十八年春，又應會試，得第一名，殿試授一甲第二名進士，同年四月，授翰林院編修，時年五十七歲〔註237〕。

康熙五十年十月十二日，都察院左都御史趙申喬上題本，參劾翰林院編修戴名世：

> 題為特參狂妄不謹之詞臣，以肅官方，以昭法紀事。欽惟我皇上崇儒右文，敦尚正學，訓飭士子，天語周詳，培養人材，隆恩曲至，普天下沾濡德化者，無不恪循坊檢，懷畏章程矣。乃有翰林院編修戴名世，妄竊文名，恃才放蕩。前為諸生時，私刻文集，肆口遊談，倒置是非，語多狂悖，逞一時之私見，為不經之亂道，徒使市井書坊，翻刻貿鬻，射利營生。識者嗤為妄人，士林責其乖謬，聖明無微不察，諒俱在洞鑒之中。今名世身膺異數，叨列巍科，猶不追悔前非，焚削書板，似此狂誕之徒，豈容濫廁清華！臣與名世素無嫌怨，但法紀所關，何敢狥隱不言？為此特疏糾參，仰祈敕部嚴加議處，以為狂妄不謹之戒，而人心咸知悚惕矣。伏候皇上睿鑒施行！

得旨：

〔註235〕（清）不具撰人名氏撰：〈記桐城方戴兩家書案〉；（清）徐宗亮撰：《善思齋文續鈔》卷二，〈傳狀〉，〈戴先生傳〉；後皆收入王樹民編校：《戴名世集》附錄四，〈傳記資料〉，頁四七九、四八三、四六九。又，（清）蕭穆撰：《敬孚類稿》卷十，〈傳　事略〉，〈戴憂庵先生事略〉，稱尤氏於康熙四十年辛卯刊刻此書，名《南山集偶鈔》。又見王樹民編校：《戴名世集》附錄四，〈傳記資料〉，頁四七一。而據王樹民編校：《戴名世集》附錄三，〈版本序跋〉，〈朱書序〉，稱戴氏此書名《南山集》，頁四五三。故戴氏此書書名當以〈朱書序〉所言為準。

〔註236〕郭成康、林鐵鈞撰：《清朝文字獄》，〈清朝文字獄要案始末〉，〈七　《南山集》獄定案探秘〉，頁126。

〔註237〕王樹民編校：《戴名世集》，〈戴南山先生年譜（訂補）〉，（康熙）四十四年乙酉條、四十八年己丑條，頁五一三、五一五至五一六；《明清歷科進士題名碑錄》，（三），〈大清康熙四十八年進士題名碑錄己丑科〉，頁1721；（清）朱軾等奉敕修：《大清聖祖仁皇帝實錄》卷之二百三十七，康熙四十八年己丑三月辛卯條、甲午條、夏四月丁未條等，影印本《清實錄》第六冊，頁三六九至三七○。

這所參事情，該部嚴察審明具奏。〔註238〕

戴名世《南山集》案遂起。

前人認爲：兩年前戴名世會試得第一，且久有盛名，士林多以狀元屬之，及殿試揭曉，卻是趙申喬之子趙熊詔第一，戴名世第二，而趙熊詔才名遠不及戴氏，時人懷疑這是趙申喬幕後活動所致，後趙申喬恐黑幕被揭破而上此疏，藉口打擊戴名世。王樹民〈《南山集》案的透視〉和〈曲折發展的《南山集》案及其餘波〉二文贊同此說〔註239〕。但是，筆者以爲，清代科舉會試階段名次由考官酌定，若說此階段趙申喬經幕後活動，使其子得會試第一，尚屬可能。而殿試階段，名次係君主欽定，清聖祖又非昏聵之主，此時趙申喬欲幕後活動以使其子得殿試狀元則絕無可能〔註240〕。而趙申喬若真欲如此，在當時就能尋此藉口參劾戴名世而將之黜落，使其子可以名正言順成狀元，何待兩年之後？前人之說恐誤。筆者揣測，趙申喬素負抗直之名，有名臣之譽，且素性嚴密苛刻，其時升爲都察院左都御史未久，本月初便因以前經辦的太原府民陳四鳩黨搶奪案失誤，受到處分〔註241〕，爲擺脫此窘境，維護其令名，乃上疏參劾戴名世。而戴名世獲罪的主因尚在於其自著的文字。

此案案發後，刑部即遵旨緝拏戴名世等涉案人物，又會同吏部、都察院和大理寺等衙門審訊：

經夾訊戴名世，據供：《南山集》、《孑遺錄》俱係我年輕時混寫悖亂之語，並未與別人商議，亦無按我授意整編之人。《孑遺錄》係

〔註238〕（清）不具撰人名氏撰：〈記桐城方戴兩家書案〉。又見（清）朱軾等奉敕修：《大清聖祖仁皇帝實錄》卷之二百四十八，康熙五十年辛卯冬十月丁卯條，影印本《清實錄》第六冊，頁四五五。

〔註239〕前人之說，見王樹民編校：《戴名世集》附錄四，〈傳記資料〉，頁四八三至四八四。王氏二文所言，分見《江淮論壇》，一九八六年第三期，頁89；《桐城派研究論文選》，頁196至197。

〔註240〕據（清）陳康祺：《郎潛紀聞二筆》卷六，〈殿試進呈前十本之始〉條，引《貢舉考畧》，云：「殿試卷先擬十本進呈，恭候欽定名次，自康熙二十四年乙丑會試始」，見《郎潛紀聞初筆　二筆　三筆》，下冊，頁四二七；（清）蕭奭：《永憲錄》卷二下，〈雍正元年秋七月戊寅朔〉，〈冬十月丁未朔〉云：「康熙乙丑科會試前十名進呈欽定。後每行之。且有一榜俱請欽定。及請上命題者。此後會試及順天鄉試四書三題皆出上裁」，頁一五○；足證當時殿試名次係聖祖欽定。

〔註241〕（清）朱軾等奉敕修：《大清聖祖仁皇帝實錄》卷之二百四十八，康熙五十年辛卯冬十月丙辰朔條，影印本《清實錄》第六冊，頁四五三。

方正玉刻的，《南山集》係尤雲鶚刻的，王源批的。尤雲鶚是我門
生，不通文義，我作了序，放他名字。汪灝、方苞、方正玉、朱
書、王源的序是他們自己作的，劉巖不曾作序。我寄余生等人書，
伊等未曾回文。我與余生書內有方學士名，即方孝標。他作的《滇
黔紀聞》內載永曆年號，我見此書即混寫悖亂之語，罪該萬死。等
語。〔註242〕

據此可知，戴名世《南山集》中〈與余生書〉和《孑遺錄》等文字成為戴名
世致罪的主要內因。而前述〈與余生書〉，已見戴名世目南明為當時正朔所在
的史學觀和以修有明一代之史事為己任的志願。戴名世認為：

　　昔者宋之亡也，區區海島一隅如彈丸黑子，不踰時而又已滅
亡，而史猶得以備書其事。今以弘光之帝南京，隆武之帝閩越，永
曆之帝兩粵、帝滇黔，地方數千里，首尾十七八年，揆以《春秋》
之義，豈遽不如昭烈之在蜀，帝昺之在崖州，而其事漸以滅沒。近
日方寬文字之禁，而天下所以避忌諱者萬端，其或菰蘆山澤之間，
有厪厪志其梗概，所謂存什一於千百，而其書未出，又無好事者為
之掇拾，流傳不久，而已蕩為清風，化為冷灰。至於老將退卒，故
家舊臣，遺民父老，相繼漸盡，而文獻無徵，凋殘零落，使一時成
敗得失，與夫孤忠效死，亂臣誤國，流離播遷之情狀，無以示於後
世，豈不可歎也哉。

　　終明之世，三百年無史，金匱石室之藏，恐終淪散放失，而世
所流布諸書，缺略不詳，毀譽失實。嗟乎！世無子長、孟堅，不可
聊且命筆。鄙人無狀，竊有志焉，而書籍無從廣購，又困於饑寒，
衣食日不暇給，懼此事終已廢棄，是則有明全盛之書且不得見其
成，而又何況於夜郎、笮、筇、昆明、洱海奔竄流亡，區區之軼事
乎。前日翰林院購遺書於各州郡，書稍稍集，但自神宗晚節，事涉
邊疆者，民間汰去不以上，而史官所指名以購者，其外頗更有潛德
幽光，稗官碑誌，紀載出於史館之所不及知者，皆不得以上，則亦
無以成一代之全史，甚矣其難也！

　　余夙昔之志，於明史有深痛焉，輒好問當世事，而身所與士大

〔註242〕中國第一歷史檔案館編：〈戴名世《南山集》案史料〉，〈刑部尚書哈山為審明
　　　戴名世《南山集》案並將涉案犯人擬罪事題本〉，見《歷史檔案》，總第 82
　　　期，頁21。

夫接甚少，士大夫亦無有以此爲念者，又足跡未嘗至四方，以故見

聞頗寡，然而此志未嘗不時時存也。〔註243〕

在戴名世眼中，比照蜀漢和南宋政權，「揆以《春秋》之義」，南明諸政權當
是彼時神州正朔之所在。其《孑遺錄》等記載南明弘光等朝年號，或者就是
這種史學觀的體現。若反之，從清代君主的角度來看，戴名世尊崇南明爲正
朔，無疑否定清廷的「治統」地位，由此影響到清世祖、聖祖之間「治統」
的傳承。況且，修史在當時是非常重大和審愼之事，關係千秋後世的評論問
題。故戴名世目南明爲正朔的史學觀，以修有明一代之史事爲己任，尤難爲
清廷所容忍。

同時，廷臣會審其他涉案人物：

夾訊方孝標之子方登嶧，據供：我出生後，父親方孝標將我繼
與族叔方章鉞爲子。我生父方孝標係順治六年進士，曾任翰林。十
四年我叔方章鉞中舉後，與考試官方猶認了族親，被監察御史金景
傑參劾革職，我父一併流放寧古塔。康熙元年，爲贖罪修建城樓，
而後歸籍。十一年二月赴黔後未歸，任吳三桂的偏翰林承值官。十
七年於寶慶軍前歸附。我自幼繼與族叔爲嗣，共同生活，並未看過
生父所寫《滇黔紀聞》。今年十月十二日我聽說追究戴名世，便前往
戴名世處。戴名世說，我書中提及方學士之書。我問侄兒方世樵家
中可有何書？方世樵說家中有《鈍齋文集》版，我怕被牽連，叫方
世樵寄信其母燒毀。據方世樵供：我叔父方登嶧叫我給母親寫信，
燒毀《鈍齋文集》版。《滇黔紀聞》即《鈍齋文集》內的一篇。我叔
父方雲旅交給地方官，現已送部。等語。據汪灝供：戴名世讓我爲
《孑遺錄》作序，我那時愚昧糊塗，未仔細閱讀，信手胡纂幾句，
亦未核實，我罪該萬死。等語。據方苞供：我爲戴名世的《南山集》
作序收版，罪該萬死。等語。據方正玉供：戴名世的《孑遺錄》是
我出銀子刻的，序文是我的名字，罪該萬死，有何辯處。我聽說在
山東查獲，便在地方官處自首，解送刑部。等語。夾訊尤雲鶚，據
供：我先生戴名世的書是我用二十四兩銀子刻的，序文不是我寫的，
是先生戴名世作的，放我的名字。我出銀子刻書，即是死罪，我在
京城聽說查挐，即自首。等語。

〔註243〕王樹民編校：《戴名世集》卷一，〈與余生書〉，頁二至三。

　　據翰林劉巖供：戴名世在江南做貢生時，我即看過他十餘篇文章，後來我在京城，他寄信與我，要刊刻文章，讓我作序。我因其文章內悖亂之語甚多，故未給作序。我甚愚昧，未與其斷絕交往，亦未出首其混寫之悖亂書，有何辯處。等語。

於同年十二月十八日上題本，從重擬議，並請旨：

　　查戴名世書內欲將本朝年號削除，寫入永曆年號等大逆之語，依律大逆凌遲處死；祖父、子孫、兄弟及同居之人不分異姓及伯叔父、兄弟之子不限籍之同異，十六歲以上不論篤疾、廢疾皆斬；其十五歲以下男及母女、妻妾、姊妹，若子之妻妾，給付功臣之家為奴，財產入官。據此，戴名世依律凌遲處死，家產入官。安徽巡撫解來戴名世之弟戴平世依律斬決。其祖父、父、子孫、兄弟及同居之人不分異姓及伯叔父、兄弟之子不限籍之同異，十六歲以上不論篤疾、廢疾，俱查拏送部，依律立斬。戴名世之母女、妻妾、姊妹之子妻妾、十五歲以下子孫、伯叔父、兄弟之子亦俱依律給付功臣為奴。

　　據方孝標所寫《滇黔紀聞》，內有：永曆初在廣東，延至廣西，終於雲貴。與隋之清泰於洛、唐之昭宣於巴顏、宋之帝昺於崖州，同不可稱之為偽朝。又金陵之弘光、閩越之隆武敗亡後，兩廣復立已故桂王之子永明王於肇慶，改號永曆。等語。方孝標身受國恩，已為翰林，因犯罪發遣寧古塔，蒙寬宥釋歸。順吳逆為偽官，迨其投誠，又蒙洪恩免罪，不改悖逆之心，尊崇弘光、隆武、永曆年號，書記刊刻遺留，大逆已極。方孝標依大逆律凌遲，今已身死，咨行該巡撫，剉碎其屍，財產入官。方孝標之子方登嶧、安徽巡撫解來方孝標之子方雲旅、孫方世樵照律皆斬立決。方孝標子孫、兄弟及同居之人不分異姓及伯叔父、兄弟之子不限籍之同異，十六歲以上不論篤疾、廢疾，俱查出送部，依律斬決。方孝標之女、妻妾、姊妹，若子之妻妾，十五歲以下子孫、伯叔父、兄弟之子，查出給付功臣之家為奴。又查，方孝標族人居住桐城、江寧兩縣，累世荷恩，並不悛改，悖逆之心不止方孝標一人，族人方苞、方正玉為戴名世逆書作序，及至案發，查抄《滇黔紀聞》，方孝標之子方登嶧、孫方世樵又寄書毀版。方孝標族人干連大逆之罪，依律發遣寧古塔。著交江寧、安徽巡撫，桐城、江寧兩縣所有方孝標族人

不論已未服盡，逐一嚴查，有職銜者革退，除已嫁出之女外，一併發遣黑龍江、寧古塔將軍處，酌情撥與烏喇、寧古塔、伯都訥等處安插。

汪灝爲戴名世逆書作序，混言亂語；方苞、方正玉序内雖無悖亂之語，但讚揚戴名世逆書，且方苞又收存《南山集》、《孑遺錄》書版，方正玉刊刻《孑遺錄》逆書；尤雲鶚挂名之序文雖係戴名世親作，然尤雲鶚出銀刊刻傳行，俱干法紀。應將伊等照誹謗朝廷律，汪灝、方苞應絞立決，方正玉、尤雲鶚聞捕自行投首，依律減二等徒三年，惟因伊等與戴名世同夥行事，將伊等妻子一併發往寧古塔。

劉巖雖未給戴名世悖逆之書作序，從做貢生時即看過戴名世之逆文，陞任翰林後，仍未斷絶與戴名世交往，不將逆書出首。故將劉巖以知大逆之情不報，依律革職，僉妻流三千里，至配處杖百折四十板。

戴名世文内涉及原任尚書韓菼、原任侍郎趙士麟、原任監察御史劉浩、道員王英莫、庶吉士王賓等三十七人經查俱係討論詩文，並無悖亂言語，無庸議。

與名余生之余塒、名徐一石之徐登峰、名劉巖傑之劉啓、名濟中之劉憲廷、僧人鍾善、柱鍾等六人書内，均有大逆之言，業已咨行各該巡撫查挐，至挐到之日再結。

順天府府尹圖義、王源病故，署理安徽巡撫事務總督噶禮出具朱書病故之鈐印保結，故無庸議。

戴名世所作《南山集》、《孑遺錄》、安徽巡撫送來之《南山集》、《孑遺錄》文毀版及方孝標所作《鈍齋文集》兩冊、《廣壁堂文集》一冊、《滇黔紀聞》一冊，俱交翰林院查看奏聞後銷毀。再，行文直隸等各省，嚴查方孝標、戴名世所作《鈍齋文集》、《滇黔紀聞》、《南山集》、《孑遺錄》刻板並銷毀外，方孝標、戴名世所作其餘書及書版亦嚴查送部。查《滇黔紀聞》内有馮載來所作〈滇考〉、胡福安所作〈學題錄〉、〈西南聞見錄〉、馬俊輝所作〈正興百聊〉、鄧穆所作〈葉石錄〉等篇目。咨行直隸等各省，將該五篇文嚴查送部，並交翰林院審閱奏聞。江寧巡撫送審尤雲鶚之兄尤雲平，既與本案

無涉，無庸議。等語。〔註244〕

　清聖祖對此案亦相當重視和審慎〔註245〕，曾有諭旨：

　　　戴名世等亦是大案，將本爾等暫留，朕且思之，俟回鑾之日再

　行具奏。〔註246〕

次年正月二十二日又諭：

　　　此事著問九卿具奏。案內方姓人，俱係惡亂之輩。方光琛投順

　吳三桂，曾爲僞相；方孝標亦曾爲吳三桂大吏。伊等族人，不可留

　本處也。〔註247〕

四月，九卿議覆戴名世一案道：

　　　我朝定鼎燕京，剿除流寇，順天應人，得天下之正，千古之所

　未有也。七十載萬國朝宗，車書一統，薄海內外，咸奉正朔。皇上

　御極以來，隆禮前朝，軼古越今，天下人民咸戴生全義育之恩，淪

　肌浹髓。方孝標喪心狂逆，倡作《滇黔紀聞》，以至戴名世摭飾其間，

　送書流布，多屬悖亂之語，罔識君親之大義，國法之所不宥，天理

　之所不容也。〔註248〕

十日，清帝又諭大學士等曰：

　　　案內擬絞之汪灝，在內廷纂修年久，已經革職，著從寬免死，

　但令家口入旗。方登嶧之父，曾爲吳逆僞學士，吳三桂之叛，係伊

　從中慫恿，僞朱三太子一案亦有其名，今又犯法妄行，方氏族人若

　仍留在本處，則爲亂階矣，將伊等或入八旗，或即正法，始爲允當。

〔註244〕中國第一歷史檔案館編：〈戴名世《南山集》案史料〉，〈刑部尚書哈山爲審明
　　　　戴名世《南山集》案並將涉案犯人擬罪等題本〉，見《歷史檔案》，總第 82
　　　　期，頁 21 至 23。

〔註245〕張玉撰：〈從新發現的檔案談戴名世《南山集》案〉，見《歷史檔案》，總第
　　　　82 期，頁 93 至 94。關於戴名世《南山集》案之背景，可參〔日〕大谷敏夫
　　　　撰：〈戴名世斷罪事件の政治的背景——戴名世・方苞の學との關連におい
　　　　て〉；郭成康、林鐵鈞撰：《清朝文字獄》，〈清朝文字獄要案始末〉，〈七　《南
　　　　山集》獄定案探秘〉，認爲此案牽涉噶禮和張伯行互參事件等朋黨之爭及太子
　　　　廢立的宮廷鬥爭，故清聖祖遲遲沒有定案，頁 133 至 134。

〔註246〕中國第一歷史檔案館編：〈戴名世《南山集》案史料〉，〈刑部尚書佛格爲請將
　　　　《南山集》案部分涉案人犯免罪釋放回籍事題本〉，見《歷史檔案》，總第 82
　　　　期，頁 23。

〔註247〕（清）朱軾等奉敕修：《大清聖祖仁皇帝實錄》卷之二百四十九，康熙五十一
　　　　年壬辰春正月丙午條，影印本《清實錄》第六冊，頁四六五。

〔註248〕（清）不具撰人名氏撰：〈記桐城方戴兩家書案〉。

此事所關甚大，本交內閣收貯，另行啓奏。〔註249〕

廷臣遂奉旨反復審議考量，其間大學士李光地也曾上疏，欲救戴名世，未成〔註250〕。如此又遷延一年多，至康熙五十二年二月初七日，「大學士等以刑部等衙門審擬戴名世私造《南山集》照大逆例凌遲一案請旨」〔註251〕，清聖祖始定議，諭：

> 戴名世從寬免凌遲，著即處斬。方登嶧、方雲旅、方世樵俱從寬免死，並伊妻子充發黑龍江。這案干連應斬絞及爲奴安插流徒人犯俱從寬免罪，著入旗。汪灝已有旨了。餘依議。〔註252〕

初十日，戴名世於京師被處斬，「其從弟輔世扶櫬歸葬桐城南山岡硯莊之陽」〔註253〕。

康熙六十一年十一月十三日戌刻，聖祖崩於寢宮〔註254〕，十九日，世宗繼位，次日頒詔大赦〔註255〕。經刑部覆查，本案原被發遣的部分倖存的涉案人犯，得援赦條，於世宗雍正元年三月初五日獲准免罪釋放回籍〔註256〕。

〔註249〕（清）朱軾等奉敕修：《大清聖祖仁皇帝實錄》卷之二百五十，康熙五十一年壬辰夏四月壬戌條，影印本《清實錄》第六冊，頁四七三。又，中國第一歷史檔案館編：〈戴名世《南山集》案史料〉，〈刑部尚書佛格爲請將《南山集》案部分涉案人犯免罪釋放回籍事題本〉，見《歷史檔案》，總第 82 期，頁 23 至 24。

〔註250〕（清）蕭穆撰：《敬孚類稿》卷十，〈傳　事略〉，〈戴憂庵先生事略〉。又見王樹民編校：《戴名世集》附錄四，〈傳記資料〉，頁四七二；（民國）趙爾巽撰：《清史稿》卷四百八十四，〈列傳二百七十一〉，〈文苑一〉，〈戴名世〉第四四冊，頁一三三七○。

〔註251〕（清）朱軾等奉敕修：《大清聖祖仁皇帝實錄》卷之二百五十三，康熙五十二年癸巳二月乙卯條，影印本《清實錄》第六冊，頁五○六。

〔註252〕中國第一歷史檔案館編：〈戴名世《南山集》案史料〉，〈刑部尚書哈山爲審明戴名世《南山集》案並將涉案犯人擬罪事題本〉，見《歷史檔案》，總第 82 期，頁 23；又見（清）朱軾等奉敕修：《大清聖祖仁皇帝實錄》卷之二百五十三，康熙五十二年癸巳二月乙卯條，影印本《清實錄》第六冊，頁五○六。

〔註253〕（清）蕭穆撰：《敬孚類稿》卷十，〈傳　事略〉，〈戴憂庵先生事略〉。又見王樹民編校：《戴名世集》附錄四，〈傳記資料〉，頁四七○。

〔註254〕（清）朱軾等奉敕修：《大清聖祖仁皇帝實錄》卷之三百，康熙六十一年壬寅十一月甲午條，影印本《清實錄》第六冊，頁九○二。

〔註255〕（清）張廷玉等奉敕修：《大清世宗憲皇帝實錄》卷之一，康熙六十一年壬寅十一月庚子條、辛丑條，影印本《清實錄》第七冊，頁三六至三八。

〔註256〕中國第一歷史檔案館編：〈戴名世《南山集》案史料〉，〈刑部尚書佛格爲請將《南山集》案部分涉案人犯免罪釋放回籍事題本〉，見《歷史檔案》，總第 82 期，頁 23 至 24。

第三章　雍正朝文字獄個案研究

　　清世宗，爲清代君主中較傑出者。後世學者評論：「自古勤政之君，未有及世宗者」、「至其英明勤奮，實爲人所難及」、「康熙寬大，乾隆疏闊，要不是雍正的整飭，滿清恐早衰亡」、「有清二百數十年之基盤，即爲其所奠定」〔註1〕，有承前啓後之功。既爲「治統、道統萃於一人」的聖祖的嗣君，世宗自須「『額外地』繼承（或負擔）康熙所塑造的一套政治意識形態：『道統』爲『治統』之所繫」，在文化和思想領域有所作爲〔註2〕，以確立其政治和文化上的至高威權。

　　雍正朝，是清代文字獄的發展時期，也是清代君主趨向「治」、「道」相合，成就「正統」的時期。本章選取雍正朝所發生的汪景祺《讀書堂西征隨筆》案、錢名世「名教罪人」案、查嗣庭「試題」案和曾靜遣徒張熙投書案〔註3〕等四起文字獄個案予以考察。此時，文字獄案的焦點，已經從對「治統」的認同轉向對「道統」的膺承與對「正統」的爭論。而世宗乃透過這些

〔註1〕　見（民國）孟森撰：《明清史講義》，第四編，〈各論〉，〈第三章　全盛〉，下冊，頁四六九至五六〇；〔日〕楊啓樵撰：《雍正帝及其密摺制度研究》，〈引言〉、〈佐伯序〉，頁7、3；馮爾康撰：《雍正傳》，〈第十六章　總結：雍正和他的時代〉，〈第二節　雍正時期的歷史地位〉、〈第五節　結語的結論〉，頁571至575、586；李治亭撰：《清康乾盛世》，〈卷五　繼續穩步發展〉，頁324至454等。

〔註2〕　黃進興撰：〈清初政權意識形態之探究：政治化的道統觀〉，載《中央研究院歷史語言研究所集刊》，第五十八本第一分，頁120。

〔註3〕　郭成康、林鐵鈞撰：《清朝文字獄》，〈清朝文字獄縱橫談〉，〈一　文字獄的由來與特徵〉認爲，曾靜遣徒張熙投書案，不盡符合文字獄的重要特徵之一和文字獄界定，列入文字獄，「似不妥」，頁7至9。今仍從此案屬文字獄之成説。

文字獄獄案，維護其「道統」的威權，以實現「正統」的理想。

第一節　黨附權臣之文人諸案

　　康熙六十一年十一月十三日戌刻，清聖祖去世〔註4〕，給嗣君留下穩固的國基，也留下諸多方面問題〔註5〕。朋黨即是眾多遺留問題中政治文化方面的問題之一，涉及忠君之思想，直接危及君主「正統」之地位，成為清世宗繼位之初著力整飭的問題之一。雍正元年四月十八日，世宗御乾清門聽政，召大學士、九卿，諭以朋黨之害，認為「一結朋黨，兩黨必致一傷」，告誡「結黨之事，爾諸臣有則痛改前非，無則永以為戒」，希望「臣以君之好惡為好惡，則君臣一心」，「若仍怙惡不悛」，將「迫朕於不能忍之時，憑皇考之威靈，執法誅戮」〔註6〕。次年五月二十日和七月十六日，世宗兩次重申朋黨之害，以實例表明自己懲治朋黨的決心，又於第二次時特頒發《御制朋黨論》，明示天下〔註7〕。可是，朋黨痼疾，朝夕難除。

一、黨附年羹堯者之案

　　雍正三年夏、秋之際，權臣年羹堯獲罪。稍後，黨附年羹堯的文人汪景祺、錢名世亦為牽連成獄，後世稱之為汪景祺《讀書堂西征隨筆》案和錢名世「名教罪人」案。

（一）汪景祺《讀書堂西征隨筆》案

　　雍正二年十月，撫遠大將軍、川陝總督年羹堯入覲，年末離京回任後，漸失寵於君上，頻遭諭旨申斥切責，又被連降官職，貶至杭州〔註8〕。次年九

〔註4〕（清）朱軾等奉敕修：《大清聖祖仁皇帝實錄》卷之三百，康熙六十一年壬寅十一月甲午條，影印本《清實錄》第六冊，頁九〇二。

〔註5〕可參馮爾康撰：《雍正傳》，〈第二章　「雍正改元，政治一新」的指導思想〉，〈第一節　繼位前後社會矛盾概述〉，頁75至80。

〔註6〕中國第一歷史檔案館編：《雍正朝起居註冊》，雍正元年歲次癸卯四月十八日丁卯條，第一冊，頁四至五。

〔註7〕中國第一歷史檔案館編：《雍正朝起居註冊》，雍正二年歲次甲辰五月二十日壬戌條、七月十六日丁巳條，第一冊，頁二四五至二四八、二七五至二八〇。

〔註8〕關於年羹堯之失寵，可參〔日〕楊啓樵撰：《雍正帝及其密摺制度研究》，〈第四章　清世宗與年羹堯的恩怨糾葛〉，〈（四）羹堯的得勢與失寵〉、〈（五）羹堯罹罪真因〉，頁81至89；馮爾康撰：《雍正傳》，〈第三章　迭興阿、塞、年、隆諸獄〉，〈第二節　年羹堯、隆科多與雍正初政〉，頁104至120、126至128等。

月二十八日，欽差閒散內大臣都統阿拉錫齎捧上諭至杭州，會同署理杭州將軍印務、長史鄂彌達和署理浙江巡撫印務、吏部右侍郎傅敏，於是夜鎖拏年羹堯，並查抄其家。十月十七日，鄂彌達和傅敏聯名上摺奏報其時抄家情形等云：

> 臣敏恐伊家財產有藏匿遺漏之處，不敢刻遲，立即親自同內監二人赴年羹堯家內點查。婦女盡行押入側邊空屋，將內外各房門一一封閉。守至天明，與阿拉錫等面同逐件查點，償造總冊，會疏具題外，又臣等公同搜查年羹堯內室並書房。櫥櫃內有上諭數張及諸王大臣奉旨轉諭年羹堯書箚數幅，現交阿拉錫進呈御覽。其餘徧處搜查，皆係閒雜賬目紙箚。至於書信，並無一紙，即拜帖手本亦已扯去姓名，僅存空紙。隨將伊家人夾訊，據供：年羹堯於九月十二日將一應書箚盡行燒毀。等語。及問年羹堯，供詞無異。至阿拉錫起身之後，臣等再加細搜粗重傢彩，於亂紙中得抄寫書二本，書面標題《讀書堂西征隨筆》，內有自序，係汪景祺姓名。臣等細觀其中所言，甚屬悖逆，不勝驚駭，隨連日密訪其人係何處人氏，作何行止，未有的據，直至十月十六日始知，汪景祺即錢塘縣舉人汪日祺，係現任禮部祠祭司主事汪見祺之胞弟。臣等一面飭令地方官將伊家屬封鎖看守，一面喚伊近房族弟翰林編修汪受祺問其去向。據稱：汪日祺如此悖逆，罪該萬死，我如何敢替他隱諱？實係現在京師罐兒衕衕居住，若我欺妄，不行實說，甘與日祺同罪。等語。取具親筆供單存案。臣謹將逆犯汪日祺所撰書二本封固，恭呈御覽。臣思年羹堯蒙國厚恩，若無悖逆之心，誰敢以此誹謗妖言達於其側！且既明知其悖亂，何以不即具奏？若云見之已晚，何不呈送地方官奏聞拏問，而猶隱忍收藏？是汪日祺固罪不容誅，而年羹堯尤法所不赦，且偶留一件如此大逆無道，則其他既焚者更甚可知。此等悖逆之人，若不亟正刑章，無以儆奸而懲惡黨。伏乞皇上立賜嚴拏正法，以快天下臣民之心，以褫將來惡逆之膽。臣等受恩深重，義不與逆賊共戴天日，爲此繕摺密奏。再，臣等以其人現在京師，若稍遲延，恐有洩漏，崙差臣敏帶出吏部筆帖式百祿騎驛馬進奏，合併陳明。伏乞皇上睿鑒施行。臣等合詞謹奏。

世宗覽奏，硃批：

此奏甚屬可嘉。將此兩本內朕不曾全發出。爾等見此書內言辭

之人亦當密之可也。〔註9〕

汪景祺《讀書堂西征隨筆》案發。汪景祺被逮。

汪景祺，本名汪日祺，號星堂〔註10〕，浙江杭州府錢塘縣人，爲前戶部侍郎汪霦之子〔註11〕，生於清康熙十一年〔註12〕。其青少年時代之事蹟，今尚未可知。三十七年，汪景祺中選拔貢，五十三年，中舉人〔註13〕，雍正二年初，遊歷西北等地，又「至胡期恒任所打抽豐」〔註14〕，四月十五日投書於撫遠大將軍、川陝總督年羹堯，書中諛詞如潮，媚稱年羹堯爲「詞林之眞君子，當代之大丈夫」、「宇宙之第一偉人」，歷代名將的功績與之相較，「不啻螢光之於日月，勺水之於滄溟」，書後附詩亦以「千秋第一人」相許〔註15〕。汪景祺「因得交年羹堯」，爲其幕賓，「曾於年羹堯幕中作《西征隨筆》」〔註16〕，內有〈功臣不可爲論〉一篇，說：「鳥盡弓藏，古今同慨」，用檀道濟、蕭懿之死和明太祖屠戮功臣以及唐末藩鎮養寇自重事爲例，說明造成功臣不可爲，主要是猜暴之主「橫加猜疑，致成嫌隙」，使功臣「進不得盡其忠節，退不得保其身家」。言外之意，不言而喻。其《讀書堂西征隨筆》中〈遂寧人品〉記有清廷對上清聖祖諡號的爭論，又〈詼諧之語〉有云：

〔註9〕 中國第一歷史檔案館編：《雍正朝漢文硃批奏摺彙編》，第六冊，〈二四○　署杭州將軍鄂彌達等奏報鎖拿年羹堯暨查出汪景祺《西征隨筆》情形摺雍正三年十月十七日〉，頁三二三至三二四。

〔註10〕（清）汪景祺撰：《讀書堂西征隨筆》，載故宮博物院掌故部編：《掌故叢編》，頁859、862等。黃裳撰：《筆禍史談叢》，〈汪景祺遺詩——跋《讀書堂詩集》稿本〉，稱汪景祺字無己，頁88；筆者未能核實其來源，未敢遽引，姑記於此，俟考。

〔註11〕（清）汪景祺撰：《讀書堂西征隨筆》，許寶蘅所識之文，載故宮博物院掌故部：《掌故叢編》，頁859。

〔註12〕（清）汪景祺撰：《讀書堂西征隨筆》，〈自序〉，署「雍正二年」，又稱：「余今年五十又三矣」，載故宮博物院掌故部編：《掌故叢編》，頁861。筆者據此推算其生年。

〔註13〕（清）魏㟲修、裘璉等纂：《錢塘縣志》卷之十，〈選舉〉。又可參（清）陳璂修、王棻纂、（民國）屈映光續修、陸懋勳續纂、齊耀珊重修、吳慶坻重纂：《杭州府志》卷一百十四，〈選舉八〉；卷一百十二，〈選舉六〉。又，（清）蕭奭撰：《永憲錄》卷三，稱汪景祺爲「康熙癸巳舉人」，頁二五六，誤。

〔註14〕（清）蕭奭撰：《永憲錄》卷三，頁256。

〔註15〕（清）汪景祺撰：《讀書堂西征隨筆》，〈上撫遠大將軍書〉，見故宮博物院掌故部編：《掌故叢編》，頁897至902。

〔註16〕（清）蕭奭撰：《永憲錄》卷三，頁二五六。

先帝南巡。無錫杜詔，字紫綸，方為諸生，於道左獻詩。先帝
頗許可之，賜御書綾字。杜捧歸，啓視，則「雲淡風輕近午天」四
句也。某作七言絕句云：「皇帝揮毫不值錢，獻詩杜詔賜綾箋。千家
詩句從頭寫，雲淡風輕近午天。」〔註17〕

譏嘲清聖祖不學無識，竟以蒙學之《千家詩》中第一首程顥的〈春日偶成〉
詩敷衍文人士子，皆有指摘清聖祖聖德有缺和「道統」未純之意，為敬天法
祖之世宗所絕不能容忍。其文稿中〈歷代年號論〉一篇又批評世宗之年號雍
正，謂：

正字有一止之象，引前代如正隆、正大、至正、正德、正統年
號，凡有正字者，皆非吉兆。

被世宗視為「大逆不道之語」、「詛咒之語」，此等見解與奸民蔡懷璽、郭允進
造作妖言、妄行詛咒相類〔註18〕。

故此案案發後，世宗閱汪景祺《讀書堂西征隨筆》，怒於上卷首葉題云：

悖謬狂亂，至於此極。惜見此之晚。留以待他日，弗使此種得
漏網也。〔註19〕

雍正三年十二月十一日，議政大臣、刑部等衙門題奏年羹堯五款大逆之罪之
第三款即：

見浙人汪景祺《西征隨筆》詩詞譏訕，及所作〈功臣不可為論〉，
語多狂悖，不行劾奏。〔註20〕

十八日，刑部等衙門議奏略云：

妄作《西征隨筆》之汪景祺，照大不敬律，擬斬立決。〔註21〕

世宗最終裁決：

汪景祺作詩譏訕聖祖皇帝，大逆不道，應當處以極刑。今大臣

〔註17〕 見故宮博物院掌故部編：《掌故叢編》，頁965至968、939至944、956。
〔註18〕 中國第一歷史檔案館編：《雍正朝起居註冊》，雍正四年歲次丙午九月二十六
日乙卯條，第一冊，頁七九〇。又可參（清）蕭奭撰：《永憲錄》卷四，頁三
〇四至三〇五。
〔註19〕 （清）汪景祺撰：《讀書堂西征隨筆》，許寶蘅所識之文，載故宮博物院掌故
部編：《掌故叢編》，頁860；又見同書書首〈清世宗御筆題西征隨筆〉複印照
片。
〔註20〕 （清）蔣良騏撰：《東華錄》卷之二十七，雍正三年十二月條，頁四四四。
〔註21〕 （清）張廷玉等奉敕修：《大清世宗憲皇帝實錄》卷之三十九，雍正三年乙巳
十二月辛巳條，影印本《清實錄》第七冊，頁五七五。

等定擬立斬具奏，姑從其請。著將汪景祺立斬梟示。其妻、子發遣黑龍江，給與窮披甲之人爲奴。其期服之親兄弟、親侄俱著革職，發遣寧古塔。其五服以内之族人，現任及候選、候補者，俱著查出，一一革職，令伊本籍地方官約束，不許出境。餘依議。〔註22〕

（二）錢名世「名教罪人」案

較之汪景祺，錢名世則情事略同而結局稍異。錢名世，字亮功〔註23〕，號絅菴〔註24〕，江南常州府武進縣人，爲文學名家錢養浩四子，生於清順治十七年六月十四日巳時，「少穎異，讀書目數行下，掩卷輒成誦」，爲諸生時就負盛名，「其佳作在江左十五子詩中」〔註25〕。時人合其父養浩、兄濟世及名世，目爲「三蘇」〔註26〕。康熙三十八年，錢名世中舉〔註27〕，「與年羹堯己卯鄉試南北同年」〔註28〕，四十一年以才名被召入直南書房，翌年四月中第一甲第三名進士，授翰林院編修，歷官日講起居注官、翰林院侍講〔註29〕，

〔註22〕中國第一歷史檔案館編：《雍正朝起居註冊》，雍正三年歲次乙巳十二月十八日辛巳條，第一冊，頁六三一。

〔註23〕（民國）錢根發主修：《段莊錢氏族譜》卷七，〈世表〉，〈西五房〉，〈第九世〉，〈名世〉。又，同書卷十三，〈傳略上〉，〈錢名世傳〉，稱其字亮公。（清）蕭奭撰：《永憲錄》卷四，稱其字亮工，頁二七三。今取《段莊錢氏族譜》卷七，〈世表〉所載，其餘二說亦附載於此，俟考。

〔註24〕《吳越錢氏宗譜》卷之五，〈科目〉，〈國朝〉，〈康熙四十二年癸未王式丹榜進士廷試探花〉。

〔註25〕（民國）錢根發主修：《段莊錢氏族譜》卷四，〈世系圖〉；卷七，〈世表〉，〈西五房〉，〈第九世〉，〈名世〉；卷十三，〈傳略上〉，〈錢名世傳〉；卷十三之二，〈傳略〉，〈懿行記〉，〈第九世〉；（民國）劉禺生撰：《世載堂雜憶》，〈雍正朝之兩名人〉條，頁一八。

〔註26〕（清）黃晃等修、李兆洛、周儀暐纂：《武進陽湖合志》卷二十六，〈人物志五〉。

〔註27〕（清）王祖肅、楊宜侖修、虞鳴球、董潮纂：《武進縣志》卷之七，〈選舉〉。

〔註28〕（清）蕭奭撰：《永憲錄》卷四，頁二七四。年羹堯與錢名世爲己卯鄉試南、北同年，可參（清）鄂爾泰等修：《八旗通志初集》卷之一百二十六，〈選舉表二〉，〈舉人〉，康熙三十八年己卯科舉人鑲白旗欄，見《八旗通志》，第五冊，頁三四三五。

〔註29〕《明清歷科進士題名碑錄》，（三），〈大清康熙四十二年進士題名碑錄癸未科〉，頁1695；（清）朱軾等奉敕修：《大清聖祖仁皇帝實錄》卷之二百十二，康熙四十二年癸未夏四月辛巳條、丁亥條，影印本《清實錄》第六冊，頁一四八、一四九；（民國）錢根發主修：《段莊錢氏族譜》卷七，〈世表〉，〈西五房〉，〈第九世〉，〈名世〉；卷十二，〈簪纓志〉，〈京秩西五房龍沙公派〉，〈第九世〉；卷十三，〈傳略上〉，〈錢名世傳〉。

曾同年羹堯共事內廷〔註30〕，五十年十一月二十八日以「行止不端，聲名
不好」，被革職，後詔以原銜在武英殿修書，不與翰林院事，雍正元年復職
〔註31〕。次年十月，年羹堯入覲，錢名世賦詩投贈。投贈的原詩今已不可
見，後人零星記載有「分陝旌旗周召伯，從天鼓角漢將軍」之句〔註32〕，又
有「鼎鐘名勒山河誓，番藏宜刊第二碑」之句，自注：「公調兵取藏，宜勒一
碑，附於先帝平藏碑之後」〔註33〕。

　　至年羹堯敗，「抄沒時，發見名世贈年羹堯詩」〔註34〕。在世宗眼中，年
羹堯原爲其藩邸門下之人，直與「家奴」無異，而錢名世贈詩，竟「以平藏
之功歸之年羹堯，謂當立一碑於聖祖平藏碑之後」，與聖祖功德相侔，和君上
平起平坐，實在是「悖逆已極」〔註35〕，錢詩之意與汪景祺《讀書堂西征隨
筆》中諂媚諸作之意和貶損清聖祖之文字適相呼應，皆違背傳統儒教君臣綱
常之觀念，有損聖世聖君之形象，危及清聖祖和世宗爭取「正統」之地位。
但因「其所犯尙猶不至於死」，如何處理，甚費周章。世宗隱忍三數月後，始
以「名教」名義爲特別處理，摧折阿附年羹堯之錢名世，維護聖世聖君及其
「正統」之形象。雍正四年三月三十日，大學士、九卿等奏：

　　　　食侍講俸之錢名世作詩投贈年羹堯，稱功頌德，備極諂媚，且
　　以平藏之功歸美年羹堯，謂當立碑於聖祖仁皇帝平藏碑之後，甚屬
　　悖逆，應革職，交與刑部從重治罪。〔註36〕

〔註30〕　可參（清）國史館編：《滿洲名臣傳》卷三十二，〈年羹堯列傳〉；《清史列傳》
　　　　　卷十三，〈大臣畫一傳檔正編十〉，〈年羹堯〉，第四冊，頁九二四等；（清）朱
　　　　　軾等奉敕修：《大清聖祖仁皇帝實錄》卷之二百十二、卷之二百三十六、卷之
　　　　　二百三十九，康熙四十二年癸未夏四月乙未條、康熙四十八年己丑二月己酉
　　　　　條、康熙四十八年己丑九月甲申條、冬十月己酉條，影印本《清實錄》第六
　　　　　冊，頁一四九、三六三、三八二、三八五等。至於年羹堯和錢名世共事內廷，
　　　　　交誼如何，今尚不可知，然後來錢名世賦詩投贈年羹堯，要非無因。
〔註31〕　（清）朱軾等奉敕修：《大清聖祖仁皇帝實錄》卷之二百四十八，康熙五十年
　　　　　辛卯十一月癸丑條，影印本《清實錄》第六冊，頁四六二；（民國）錢根發主
　　　　　修：《段莊錢氏族譜》卷十三之二，〈傳略〉，〈懿行記〉，〈第九世〉；卷十三，
　　　　　〈傳略上〉，〈錢名世傳〉。
〔註32〕　（民國）劉禺生撰：《世載堂雜憶》，〈雍正朝之兩名人〉條，頁一八。
〔註33〕　（清）蕭奭撰：《永憲錄》卷四，頁二七四。
〔註34〕　（民國）劉禺生撰：《世載堂雜憶》，〈雍正朝之兩名人〉條，頁一八。
〔註35〕　中國第一歷史檔案館編：《雍正朝起居註冊》，雍正四年歲次丙午四月二十一
　　　　　日癸未條，第一冊，頁七二一至七二二。
〔註36〕　（清）張廷玉等奉敕修：《大清世宗憲皇帝實錄》卷之四十二，雍正四年丙午

世宗諭旨：

> 　　據九卿議奏，將錢名世革去職銜，交與刑部從重治罪。向來如
> 錢名世、何焯、陳夢雷等，皆頗有文名，可惜行止不端，立身卑污，
> 所以聖祖仁皇帝擯斥不用，置之閒散之地。而錢名世諂媚性成，作
> 爲詩詞，頌揚奸惡，措詞悖謬，自取罪戾。今既敗露，益足以彰聖
> 祖知人之明，洞悉隱微，纖毫不爽。但其所犯尚猶不至於死。伊既
> 以文詞諂媚奸惡，爲名教所不容。朕即以文詞爲國法，示人臣之炯
> 戒。著將錢名世革去職銜，發回原籍。朕書「名教罪人」四字，令
> 該地方官製造匾額，張挂錢名世所居之宅。且錢名世係讀書之人，
> 不知大義，廉恥蕩然，凡文學正士必深惡痛絕，共爲切齒。可令在
> 京現任官員由進士、舉人出身者，仿詩人刺惡之意，各爲詩文，紀
> 其劣跡，以儆頑邪，並使天下讀書人知所激勸。其所爲詩文，一併
> 彙齊繕寫，進呈朕御覽過，給付錢名世。〔註37〕

　　於是，科甲出身的京官紛紛作詩，譴責錢名世罔識君臣大義，背棄名教
教誨，玷污官箴，貽羞士林〔註38〕，並進呈御覽。同年四月二十一日，世宗
又諭內閣、九卿、翰、詹、科、道、國子監，闡述名教之重和其處理的所
以然：

> 　　國家鼓勵臣工，激揚多士，莫大乎賞善罰惡，使天下之人共知
> 砥礪，勉爲正人，不至辱身賤行，以爲名教之玷。錢名世向來頗有
> 文名，我聖祖仁皇帝拔爲一甲進士，置之詞館，兼直內廷。伊不能
> 仰報厚恩，自罹罷斥，復蒙聖祖仁皇帝格外矜全，令其修書贖罪，
> 又復其原官，給與俸祿，特不許在翰林衙門供職。蓋聖明洞鑒，知
> 其品行卑污，不堪復玷侍從之班也。自此即當改過自新，勉圖報
> 稱。乃復鑽營不悛，以詩贈年羹堯，曲盡諂媚，至以平藏之功歸之
> 年羹堯，謂當立一碑於聖祖平藏碑之後，悖逆已極。大學士、九卿
> 等僉以其罪惡昭著，合加重懲，以彰國法。朕念治世之大閒莫重於

　　三月壬戌條，影印本《清實錄》第七冊，頁六二六。

〔註37〕中國第一歷史檔案館編：《雍正朝起居註冊》，雍正四年歲次丙午三月三十日
　　　　壬戌條，第一冊，頁七〇二。

〔註38〕可參《名教罪人》。（清）蕭奭撰：《永憲錄》卷四，引正詹事陳萬策詩云：「名
　　　　世已同名世罪，亮工不異亮工奸」，頁二七四；然檢《名教罪人》，所收詹事
　　　　府詹事陳萬策詩無此聯，俟考。

名教，其人爲玷辱名教之人，死不足蔽其辜，生更以益其辱，是以
不即正典刑，褫職遞歸，且親書「名教罪人」四字，令懸其門，以
昭鑒戒。復命在京大小臣工由制科出身者，咸爲歌詩以刺其惡，蓋
所以立名教之防，彰激勸之典也。朕君臨天下，凡一顰一笑，皆繫
天下之觀瞻。故內外臣工有賜以匾額者，非僅勉一人，欲使大小臣
工各思淬勵以盡臣職也。錢名世諂媚奸逆，特書與匾額，並令諸臣
賦詩，以昭懲創者，亦非僅爲此宵小一人，蓋欲使天下臣工知獲罪
名教，雖靦顏而生，更甚於正法而死。凡讀書之士皆期仰體朕心，
人人爭自濯磨之故也。若士習端、風俗正、防維立、名教崇，豈復
有讒佞諂諛而乖大義者乎？如謂朕於負罪之人不加誅戮，尚賜以匾
額，且令在廷賦詩與之視，黜惡之典有同兒戲，則大非朕激勸風勵
之深心矣。

據此，世宗明爲伸張名教之大義，「立名教之防，彰激勸之典」，以期「士習
端、風俗正、防維立、名教崇」，實則意識到「朕君臨天下，凡一顰一笑，皆
繫天下之觀瞻」，故利用此案，藉助其政治威權，行使文化仲裁權，「以文詞
爲國法，示人臣之炯戒」，賜錢名世「名教罪人」匾額，又命群臣「咸爲歌詩
以刺其惡」，使錢氏「死不足蔽其辜，生更以益其辱」，以彰顯帝王的「道統」
地位和「重名教」的形象。這才是世宗的「眞意」之所在，也是清代君主藉
文字之獄爭取「正統」的明證。

　　爲此，世宗還對作詩謬妄的翰林院侍讀吳孝登、侍讀學士陳邦彥、陳邦
直等人大加痛斥，革吳孝登職，「發往寧古塔，披甲當差」，二陳也「俱著革
職，發回原籍，令地方官約束，不得出境生事」，項維聰「著革職，發回原籍」，
其餘浮泛不切之作發還本人另做進呈〔註39〕。五月初九日，世宗又諭：

　　　　賜錢名世「名教罪人」四字，著伊制匾懸於居宅。又諭旨一道
　　　及諸臣所賦刺惡之詩一併交與錢名世刊刻進呈。凡直省學校所在各
　　　頒一部，以示鑒戒。〔註40〕

〔註39〕中國第一歷史檔案館編：《雍正朝起居註冊》，雍正四年歲次丙午四月二十一
　　　　日癸未條，第一冊，頁七二一至七二三。

〔註40〕（清）張廷玉等奉敕修：《大清世宗憲皇帝實錄》卷之四十四，雍正四年丙午
　　　　五月庚子條，影印本《清實錄》第七冊，頁六四七至六四八。又，劉禺生撰：
　　　　《世載堂雜憶》，〈雍正朝之兩名人〉條，謂冒鶴亭曾見錢名世刊刻之書，書
　　　　名《御製錢名世》，頁一八至一九。

錢名世遂負「名教罪人」之名回鄉，在地方官的羈管之下，家居，「丹鉛點勘，手不釋卷」，卒於雍正八年八月初十日巳時，享年七十一，葬武進豐北鄉萬家莊辛山乙向〔註41〕。

二、黨附隆科多者之案

而年羹堯事敗及其黨羽被整肅的同時，另一權臣隆科多及其黨羽也未能逃脫此厄運〔註42〕。雍正三年五月二十二日，清世宗特諭，對隆科多、年羹堯辜負君主的信任和恩寵表示出極大的憤懣之情和自咎之意，告誡二人「若不知恐懼，痛改前非」，欲求善終，「則萬萬不能也，殊典不可以再邀，覆轍不可以屢蹈，朕亦斷不貳過也」，「朕意已定，法在必行」〔註43〕。年羹堯獲罪自裁〔註44〕後，世宗於雍正四年正月二十一日又警告隆科多說：「隆科多深負朕恩，種種罪惡即應照九卿議處，但伊辦事之才尚屬可用」，差往阿爾泰山勘界，與俄羅斯議界使臣議定兩國邊界，「伊若實心任事，思蓋前愆，朕必寬宥其罪，若心懷叵測，敗壞事務」，「朕必將伊正法」〔註45〕。隆科多至邊疆戴罪效力之時，世宗即開始整肅其黨羽〔註46〕。查嗣庭「試題」案遂起。

查嗣庭，字潤木，號橫浦，浙江杭州府海寧縣人，生於清康熙三年正月廿一日，為查崧繼三子，青年時為府學廩生〔註47〕，四十四年中舉〔註48〕，明年中第二甲第二十四名進士〔註49〕，後由翰林院庶吉士授編修，五十三年

〔註41〕（民國）錢根發主修：《段莊錢氏族譜》卷十三之二，〈傳略〉，〈懿行記〉，〈第九世〉：卷七，〈世表〉，〈西五房〉，〈第九世〉，〈名世〉。

〔註42〕可參馮爾康撰：《雍正傳》，〈第三章　迭興阿、塞、年、隆諸獄〉，〈第二節　年羹堯、隆科多與雍正初政〉，頁120至128。

〔註43〕中國第一歷史檔案館編：《雍正朝起居註冊》，雍正三年歲次乙巳五月二十二日己未條，第一冊，頁四九七至四九八。

〔註44〕可參中國第一歷史檔案館編：《雍正朝起居註冊》，雍正三年歲次乙巳十二月十一日甲戌條，第一冊，頁六二六至六二八。

〔註45〕中國第一歷史檔案館編：《雍正朝起居註冊》，雍正四年歲次丙午正月二十一日甲寅條，第一冊，頁六七八至六七九。

〔註46〕可參馮爾康撰：《雍正傳》，〈第三章　迭興阿、塞、年、隆諸獄〉，〈第二節　年羹堯、隆科多與雍正初政〉，頁122至126。

〔註47〕（清）查世倓纂修：《海寧查氏族譜》卷三，〈世次二集之八〉，〈南支六世雪坡公四支〉，〈第十二世〉，〈嗣庭〉。（清）蕭奭撰：《永憲錄》卷全，〈續編〉，稱嗣庭號春木，頁四一二。俟考。

〔註48〕（清）金鼇、黃簪世修、王又曾纂：《海寧縣志》卷之八，〈選舉志上〉。

〔註49〕《明清歷科進士題名碑錄》，（三），〈大清康熙四十五年進士題名碑錄丙戌科〉，頁1706。

六月任湖廣鄉試副考官，五十六年九月授提督河南學政，三年後還任，官翰林院侍講學士〔註50〕，雍正元年正月升內閣學士兼禮部侍郎，三月受命教習庶吉士，又出爲山西鄉試正考官，三年四月升禮部左侍郎，加經筵講官，次年六月任江西鄉試正考官〔註51〕。

這年九月二十六日，世宗發佈上諭，以其所出江西鄉試試題用意悖逆爲藉口發難，稱：

> 查嗣庭向來趨附隆科多，隆科多在朕前曾經薦舉，是以朕令其在內廷行走，授爲內閣學士。後見其語言虛詐，兼有狼顧之相，料其心術必不端正，從未信任，因未顯有過失，因而姑容之。及禮部侍郎員缺需人，蔡珽又復將伊薦舉，朕遂用之。今歲各省鄉試屆期，朕以江西大省，人文頗盛，須得大員以典試事，故用伊爲正考官。今閱江西試錄，首題：「君子不以言舉人，不以人廢言」。夫堯舜之世敷奏以言，取人之道，即不外乎此。況現在以制科取士，非以言舉人乎？查嗣庭以此命題，顯與國家取士之道大相悖謬。至《孟》藝題目，更不知其何所指、何所爲也！

又認爲其《易經》次題「正大而天地之情可見矣」，《詩經》四題「百室盈止，婦子寧止」：

> 前用「正」字，後有「止」字，而《易經》第三題則用「其旨遠其詞文」，是其寓意欲將前後聯絡，顯然與汪景祺悖逆之語相同。

指明「汪景祺悖逆之語」，即其〈歷代年號論〉中論世宗年號雍正之正「有一止之象」、「皆非吉兆」等語。而查嗣庭所出二場表題非議京察制度，「尤覺非體」。至於其策題中「君猶心腹，臣猶股肱」、「勤始怠終，勉強自然」等語，

〔註50〕（清）查世倓纂修：《海寧查氏族譜》卷三，〈世次二集之八〉，〈南支六世雪坡公四支〉，〈第十二世〉，〈嗣庭〉。（清）朱軾等奉敕修：《大清聖祖仁皇帝實錄》卷之二百五十九，康熙五十三年甲午六月丙戌條；卷之二百七十四，康熙五十六年丁酉九月癸酉條；影印本《清實錄》第六冊，頁五五八、六八七。

〔註51〕（清）張廷玉等奉敕修：《大清世宗憲皇帝實錄》卷之三，雍正元年癸卯春正月辛丑條；卷之五，雍正元年癸卯三月己丑條、甲午條；卷之三十一，雍正三年乙巳夏四月壬午條；卷之四十五，雍正四年丙午六月戊寅條；影印本《清實錄》第七冊，頁八七、一一五、一一八、四七四、六八五。（清）查世倓纂修：《海寧查氏族譜》卷三，〈世次二集之八〉，〈南支六世雪坡公四支〉，〈第十二世〉，〈嗣庭〉。

有藐視君主的「元首」地位和質疑君主的勤政精神之意。

世宗亦知，僅就查嗣庭所出的試題加以處分，難令天下後世信服，故遣人查抄其寓所及行李，得其日記二本，以其中的記載來充實補足其罪狀。諭旨續道：

> 朕因查嗣庭平日之爲人，又見其今年科場題目，料其居心澆薄乖張，必有怨望譏刺之紀載，故遣人查其寓中及行李中所有筆箚，則見伊日記二本。至康熙六十一年十一月十三日，則前書聖祖皇帝陞遐大事，閱數行即自書其患病曰：「痔疾大發，狼狽不堪」。其悖亂荒唐，大不敬至於如此！自雍正元年以後，凡遇朔望，或遇朝會，及朕親行祀典之日，必書曰「大風」，不然則「狂風大作」；偶遇雨，則書曰「遇大雨盆傾」，不然則「大冰雹」。其他譏刺時事、幸災樂禍之語甚多。又於聖祖皇帝之用人行政，大肆訕謗，以翰林改授科道爲可恥，以裁汰冗員爲當厄，以欽賜進士爲濫舉，以戴名世獲罪爲文字之禍，以趙晉之正法爲因江南之流傳對句所致，以科場作弊之知縣方名正法爲冤抑，以清書庶常復考漢書爲苛刻，以庶常散館爲畏途，以多選庶常爲蔓草、爲厄運，以殿試不完卷黜革之進士爲非罪；熱河偶然發水，則書「淹死官員八百人，其餘不記其數」，又書「雨中飛蝗蔽天」。似此一派荒唐之言，皆未有之事，而伊公然造作書寫！又有塗抹一處，乃痛詆滿州之文，大逆不道之語。至其受人囑託、代人營求之事，不可枚舉。又有科場關節及科場作弊書信，皆屬詭秘。
>
> 朕今假若但就科場題目加以處分，則天下之人必有以查嗣庭爲出於無心、以文字獲罪而稱屈者。今種種實跡現在，尚有何辭以爲之解免乎？今若仍加朕以深刻之名，亦難措辭矣。
>
> 著將查嗣庭革職拏問，交三法司嚴審、定擬。

認爲，查嗣庭的這些記載，一面用不吉之兆，譏刺、詛咒君父，一面列舉事例，批評時政，對康熙朝的朝政不滿，復有科場請託作弊關節之事，是確鑿的悖逆實跡，影響人心、風俗，「逆天負主」，「是得謂之有人心者乎？」〔註52〕

〔註52〕中國第一歷史檔案館編：《雍正朝起居註冊》，雍正四年歲次丙午九月二十六日乙卯條，第一冊，頁七八九至七九三。又，可參（清）蕭奭撰：《永憲錄》卷四，頁三〇四至三〇七；同書卷全，〈續編〉，頁四一〇至四一二。「滿州」，

自同年十月初二日起，世宗連發上諭，指出其父之聖德神功為「自古帝王中所罕見者」，而查嗣庭卻肆意謗訕，又與汪景祺同為浙江人，二人的悖逆文字「相為表裏」，足見「浙江文詞甲於天下，而風俗澆漓敝壞已極」，「人心、風俗之未端也」，重申其「正人心、端風俗為首務」的維護「道統」之責任和決心〔註53〕。其十一月二十七日的諭旨則更明確地透露出世宗心中的癥結：

> 讀書所以明理，講求天經地義，知有君父之尊，然後見諸行事，足以厚俗維風，以備國家之用，非僅欲其工於文字也。
>
> 今觀查嗣庭日記，於雍正年間之事無甚詆毀，且有感恩戴德之語，而極意謗訕者，皆聖祖皇帝已行之事也，本極盡善而無可擬議，而妄肆悖逆倡狂之言。誰無君父，能不痛心、能不切齒？
>
> 昔孔子作《春秋》，歷代因之，各有史冊，以垂法戒今。今若容悖逆之人顛倒是非，私行記載，則史冊皆不足憑矣。豈非千古罪人乎？
>
> 倘聽其風俗頹敝，不加整飭，何以成一道同風之治？
>
> 朕因人心、風俗關係重大，不得不嚴加整理，以為久安長治之計。〔註54〕

世宗特別強調「尊君父」與「正人心、端風俗」的關係及其重要性，試圖控制史冊和輿情，以維護乃父聖祖令名的「孝道」。其目的實在於利用儒家思想中「孝道」觀念，以「尊君父」和「正人心、端風俗」之名，實現其「道統」的威權，鞏固其政治、文化的統治。

雍正五年二月，經三法司審理，本案部分涉案人員江西巡撫汪漋「著降四級，以京員調用」；江西布政使丁士一「著革職，發往高其倬處」效力；江

原文如此，當為「滿洲」。

〔註53〕中國第一歷史檔案館編：《雍正朝起居註冊》，雍正四年歲次丙午十月初二日庚申條、初三日辛酉條、初五日癸亥條、初六日甲子條、初八日丙寅條、十六日甲戌條、十九日丁丑條、二十日戊寅條；十一月二十五日癸丑條、二十七日乙卯條；十二月十二日己巳條、十七日甲戌條、二十六日癸未條；雍正五年歲次丁未正月二十七日甲寅條等；第一冊，頁七九九至八〇〇、八〇二至八〇四、八〇七、八〇九至八一〇、八二〇至八三〇、八六三至八六四、八六六至八六七、八八四至八八七、八九〇至八九一、九〇三至九〇五；第二冊，頁九四七等。

〔註54〕中國第一歷史檔案館編：《雍正朝起居註冊》，雍正四年歲次丙午十一月二十七日乙卯條，第一冊，頁八六六至八六七。

西鄉試副考官俞鴻圖「著革職，在翰林院編修上效力行走」，後又「從寬免其革任，著俟開復之日降三級留任」〔註55〕等。三月二十二日申時，本案事主查嗣庭病死獄中〔註56〕。清廷內閣等衙門會議：

> 查嗣庭大逆不道，怨誹詛咒，應照大逆律凌遲處死，因在監病故，請戮屍梟示，財產入官。其已經解到查嗣庭之兄查慎行、查嗣瑮、子查澐、姪查克念、查基，俱年十六歲以上，照律擬斬立決。查嗣庭之子查長椿、查大梁、姪查開，俱年十五以下，照律給功臣之家爲奴。查嗣庭之子查克纘、姪查學，事發時俱止十五歲，照律依幼小論，亦給與功臣之家爲奴。其尚未拏解查嗣庭之伯叔父及孫，並查嗣庭之母、女、妻、妾、姊、妹，子之妻、妾，行文查明解部，照律定擬。其互相交結、扶同保舉之隆科多、蔡珽等，均擬斬監候，查現有別案，應於彼案內從重歸結。副考官、編修革職留任之俞鴻圖，出題時既經爭辯，應無庸議。

疏上，奉諭旨：

> 查嗣庭著戮屍梟示。查嗣庭之子查澐改爲應斬，著監候，秋後處決。查慎行年已老邁，且家居日久，南北相隔路遠，查嗣庭所爲惡亂之事，伊實無由得知，著將查慎行父子俱從寬免其治罪，釋放回籍。查嗣庭之胞兄查嗣瑮、胞姪查基，俱從寬免死，流三千里。案內擬給功臣家爲奴之各犯，亦著流三千里。其應行拏解之犯，行令該撫查明，一併發遣。查嗣庭名下應追家產，著該撫查明、變價，留於浙江，以充海塘工程之用。餘依議。〔註57〕

〔註55〕中國第一歷史檔案館編：《雍正朝起居註冊》，雍正五年歲次丁未二月初四日辛酉條、二十日丁丑條等，第二冊，頁九六四至九六五、九九二等。又，據錢實甫編：《清代職官年表》，〈總督年表〉，高其倬時爲閩浙總督，第二冊，頁1391。

〔註56〕（清）查世倓纂修：《海寧查氏族譜》卷三，〈世次二集之八〉，〈南支六世雪坡公四支〉，〈第十二世〉，〈嗣庭〉。

〔註57〕中國第一歷史檔案館編：《雍正朝起居註冊》，雍正五年歲次丁未五月初七日壬戌條，第二冊，頁一二三七至一二三八。又可參（清）蕭奭撰：《永憲錄》卷全，〈續編〉，頁四一〇至四一二。又，據（清）查世倓纂修：《海寧查氏族譜》卷三，〈世次二集之八〉，〈南支六世雪坡公四支〉，〈第十二世〉，〈嗣庭〉，稱查嗣庭「葬紫雲邨局河頭」；又據國立故宮博物院編：《宮中檔雍正朝奏摺》，〈（雍正十三年十月）廿九日左副都御史孫國璽奏請逆犯汪景祺等枯骨由菜市口竹籤移下掩埋摺〉，內高宗墨批：「此摺已交部，照所奏行」，第廿五輯，頁

後至乾隆元年三月初六日，高宗諭總理事務王大臣：

> 朕查閱汪景祺等舊案。景祺狂亂悖逆，罪不容誅，但其逆書《西征筆記》乃出遊秦省時所作。其兄弟族屬，南北遠隔，皆不知情。今事已十載有餘，著將伊兄弟及兄弟之子發遣寧古塔者，開恩赦回。其族人牽連革禁者，悉予寬宥。查嗣庭本身已經正法，其子侄等拘繫配所亦將十載，亦著從寬赦回。〔註58〕

汪景祺和查嗣庭兩家部分涉案親屬、族人方獲赦免。

第二節　曾靜遣徒張熙投書案

　　肅清年羹堯、隆科多集團後，清世宗內無權臣掣肘，外無悍將驕恣，其君權愈加高漲，其「治」、「道」相合也漸有所成。而雍正六年，發生的曾靜遣徒張熙投書案，則成為對世宗成就「正統」之地位和形象的又一重大考驗。

　　曾靜，湖南郴州永興縣人〔註59〕，人稱蒲潭先生〔註60〕，生於清康熙十八年，早年喪父，「家貧力單」，獨居山鄉，為生員，其入學文字曾被評為「湖南第一卷」，後「因應試州城，得見呂留良所選本朝程墨及大小題房書諸評，見其論題理根本傳註文法規矩」，以及井田封建等議論，服膺為「本朝第一等人物，舉凡一切言議，皆當以他為宗」，落第後「無志於當世之利祿」，仍鄉居。鄉居期間，曾靜收家世寒微的張熙、廖易等人為學徒，「閉門掃軌，甘窮守寂，惟日以前言往行及近世文章道德指授」，著有《知新錄》、《知幾錄》等。雍正五年，因「鄉窮無書可讀」，曾靜命張熙往各省購求「四子五經之大全，以及朱子語類文集」等書。張熙至浙江呂留良家，「偶見其家有詩稿一本」，又素聞曾靜說「呂留良評選時文論頭批語，說理根章句集注，為近世名

〔註58〕（清）董誥等奉敕修：《大清高宗純皇帝實錄》卷之十四，乾隆元年丙辰三月庚子條，影印本《清實錄》第九冊，頁三九六至三九七。
〔註59〕中國第一歷史檔案館編：《雍正朝漢文硃批奏摺彙編》，第十三冊，〈四六五　川陝總督岳鍾琪奏報張倬供吐夥黨情由摺雍正六年九月三十日〉，頁五七二。
〔註60〕中國第一歷史檔案館編：《雍正朝漢文硃批奏摺彙編》，第十三冊，〈六四四　浙江總督李衛奏覆拿獲嚴鴻逵沈在寬訊過供詞情節摺雍正六年十一月初三日〉，頁八〇九。又，曾靜之字號，未知，俟考。

儒」、「因此即以其詩為必高，遂求取以歸」。曾靜見其中蘊涵「華夷之辨」觀的〈錢墓松歌〉和〈題如此江山圖〉諸詩，「始而怪，既而疑，繼乃信」，「以為呂留良生長江、浙大地，其議論文章為天下人宗，夫豈有差？」又聽信有關世宗繼位不正以及世宗和年羹堯的繼任者岳鍾琪之間君臣關係不睦等傳言，遂於次年化名「夏靚」，差張熙化名「張倬」，赴川、陝，投書策反岳鍾琪〔註61〕。

雍正六年九月十三日，張熙至西安，得知所聞世宗、岳鍾琪之間君臣關係不睦的傳言不確，已不願投書，「後思萬里遠來，不可虛返，故決意投遞」。九月二十六日，張熙於總督官署前西街攔輿投書。岳鍾琪接書入輿，見封面題簽，稱之為「天吏元帥」，甚感驚訝，當即將張熙交予巡捕看守，自己入署密拆投書，內寫「南海無主遊民夏靚遣徒張倬上書」，且謂岳鍾琪「係宋武穆王岳飛後裔，今握重兵、居要地，當乘時反叛，為宋、明復仇」等語。岳鍾琪驚駭之下，密邀陝西巡撫西琳來署會訊，因西琳有事耽擱，遂轉邀陝西按察使碩色坐於密室，以為見證，然後喚投書者「張倬」進署，「靄顏相接」，誘問實情。而張熙緊守「只去獻議，不必告以姓名里居」的師命，自稱來自廣東，為救民起見，投書策反。時近傍晚，巡撫西琳至，岳鍾琪等隨公同刑訊。張熙「仍堅供，寧死不說」，「加以嚴刑，既無懼色」。岳鍾琪等「恐遽加疊夾，重刑致斃，則此案愈無根據」，商定明早「再以甘言曲誘」。次日，巡撫西琳「復來密室坐聽」，岳鍾琪復喚「張倬」入署，「殷勤慰勞，設法問之」。張熙則一味策反，大言「湖廣、江西、廣西、廣東、雲南、貴州六省，在我一呼可定」。岳鍾琪「即百計誘之，而仍堅不可破」，只得將「張倬」嚴加收禁，於九月二十八日上密摺，請求將之解京訊問。

十月，世宗接閱密摺，甚是驚訝、憤怒：「竟有如此可笑之事、如此可恨之人！」繼而推測：

> 朕觀此人不似內地匪類，就其言論天下時勢光景、朕之用人行政，一些不知未聞之人，非是苗疆內多年漢奸，即係外洋逆黨。

〔註61〕《大義覺迷錄》卷一、卷二、卷三，見中國社會科學院歷史研究所清史研究室編：《清史資料》，第四輯，頁44、35、106、48、109、37、42、39、46、110等。又，關於呂留良之生平、思想及其社會生活等情，學者多有論述，可參本書〈主要徵引和參考文獻〉所列相關著述。又，關於岳鍾琪之生平事蹟，可參《岳襄勤公行略》，見中國社會科學院歷史研究所清史研究室編：《清史資料》，第四輯，頁170至183。

指示岳鍾琪「當緩緩設法誘之」,「徐徐設法誘問」,將本朝得天下之正、清聖祖六十年深仁厚澤、自己加恩於百姓之善政、百姓淪肌浹髓等情宣示「張倬」〔註62〕。

　　而岳鍾琪上摺後,詭命其侄整裝,稱欲與「張倬」同行,去聘請「夏靚」,更以署長安縣事、咸寧縣丞李元扮作親信家人王大爺,時刻陪伴「張倬」,「又遣人送裘致酒,緩言相詢」。張熙「仍一味支吾」。至九月二十九日酉刻,岳鍾琪「復傳按察司碩色於密室坐聽,然後令張倬入署,與之盟誓,偽為激切之言。彼方將其師實在姓名、居址,並平素與伊師往來交好、詆毀天朝之人各姓名、居址,一一吐出」。翌日,岳鍾琪再上奏摺,密報誘問情況和曾靜、劉之珩、陳立安、譙中翼、呂留良門人嚴賡臣、張熙等六人姓名、居址。九月三十日酉刻,岳鍾琪「復傳按察司碩色於密室坐聽」,繼續誘問張熙「湖廣等處何以一呼可定」之事及其祖述師承等情。張熙混稱「使湖廣等六省一呼可定之法」,惟其師曾靜有此智略,而其祖述師承源自浙江「東海夫子」呂留良。岳鍾琪隨將張熙發交按察使碩色牢固監禁,於十月初二日三上奏摺密報續問情形和張熙之父張新華、兄張照、堂弟張勘、車鼎豐、車鼎賁、嚴賡臣門人沈在寬、孫用克等七人姓名、居址〔註63〕。

　　接獲確報之後,世宗立即密諭有關督、撫,按名緝捕涉案者,並對岳鍾琪的忠誠和幹練深表嘉悅〔註64〕。十月至十一月間,本案分處各地的涉案者

〔註62〕中國第一歷史檔案館編:《雍正朝漢文硃批奏摺彙編》,第十三冊,〈四五七　川陝總督岳鍾琪奏密報張倬投書策反情由摺雍正六年九月二十八日〉及硃批,頁五五五至五五八:《大義覺迷錄》卷三,見中國社會科學院歷史研究所清史研究室編:《清史資料》,第四輯,頁110。又,中國第一歷史檔案館編:《雍正朝漢文硃批奏摺彙編》,第十三冊,〈四六一　陝西按察使碩色奏報岳鍾琪訊問張倬投書緣由請令湖廣廣東督撫查拿黨羽摺〉,奏報張倬自稱湖廣人,「師父的姓名說不得,如今在廣東海上地方,我們豪傑甚多,都在海上隱避」云云,頁五六七至五六八。

〔註63〕中國第一歷史檔案館編:《雍正朝漢文硃批奏摺彙編》,第十三冊,〈四六五　川陝總督岳鍾琪奏報張倬供吐夥黨情由摺雍正六年九月三十日〉、〈四七九　川陝總督岳鍾琪奏報張倬續吐謀叛情由摺雍正六年十月初二日〉,頁五七一至五七二、五八七至五八九:《大義覺迷錄》卷三,見中國社會科學院歷史研究所清史研究室編:《清史資料》,第四輯,頁110。又,「孫用克」即孫學顏,號用克,張熙或錯記為「孫克用」,可參中國第一歷史檔案館編:《雍正朝漢文硃批奏摺彙編》,第十三冊,〈七三四　署江南總督范時繹奏覆拿訊曾靜案內車鼎豐孫用克等情形摺雍正六年十一月十一日〉,頁九二四至九二九。

〔註64〕中國第一歷史檔案館編:《雍正朝漢文硃批奏摺彙編》,第十三冊,〈四六五　川

皆被拏訊，相關書籍、字箚被查繳〔註65〕。當年底至次年三月，一應案犯被陸續解京，赴部詳審〔註66〕。經清廷反復究訊，曾靜等人紛紛吐供。據現存的《大義覺迷錄》及《雍正朝起居註冊》等記載，本案除涉及世宗繼位、行政等問題之外，主要還有「華夷之辨」、「道統」膺承等關係清代君主「正統」地位諸端，故世宗極力維護而不惜口舌之辯。

（一）關於清世宗繼位、行政等問題，即其「治統」的合法性問題。學者對此已多有論述。

曾靜上岳鍾琪書中說，世宗有「謀父」、「逼母」、「弑兄」、「屠弟」、「貪財」、「好殺」、「酗酒」、「淫色」、「懷疑誅忠」和「好諛任佞」等十款大罪，及「五、六年內，寒暑易序，五穀少成，恒雨恒暘。荊、襄、岳、常等郡，連年洪水滔天。吳、楚、蜀、粵，旱潦時聞。山崩川竭，地暗天昏」、「五星聚、黃河清，爲陰盡陽生，亂極轉治之機」等種種災異感應之徵〔註67〕。

世宗未見此書時，初意不過是「犬吠獸嚎之聲耳，有何可介意？送來閑觀之」〔註68〕，及閱呈繳之書，「驚訝墮淚」，「夢中亦未料天下有人如此論朕

陝總督岳鍾琪奏報張倬供吐夥黨情由摺雍正六年九月三十日〉、〈四七九　川陝總督岳鍾琪奏報張倬續吐謀叛情由摺雍正六年十月初二日〉之硃批，頁五七一、五八九。又，世宗於十月初九日有上諭差派人員捕拿本案案犯，可參同書，第十三冊，〈六四四　浙江總督李衛奏覆拿獲嚴鴻逵沈在寬訊過供詞情節摺雍正六年十一月初三日〉附件〈寄信諭旨〉，頁八一三。

〔註65〕中國第一歷史檔案館編：《雍正朝漢文硃批奏摺彙編》，第十三冊，〈七三四　署江南總督范時繹奏覆拿訊曾靜案內車鼎豐孫用克等情形摺雍正六年十一月十一日〉、〈六四四　浙江總督李衛奏覆拿獲嚴鴻逵沈在寬訊過供詞情節摺雍正六年十一月初三日〉，頁九二四至九二九、八○八至八一四；同書，第十四冊，〈十七　浙江總督李衛奏進呈續行查出之呂留良家書籍並繳密諭摺雍正六年十一月二十二日〉、〈九五　湖廣總督邁柱奏報湖南拿獲曾靜等犯摺雍正六年十二月初六日〉等，頁二二至二五、一三二至一三三等；原北平故宮博物院文獻館編：《清代文字獄檔》，第9輯，〈曾靜遣徒張倬投書案〉，〈副都統海蘭等奏摺〉、〈湖南巡撫王國棟奏摺〉等；（清）王道亨修、盛百二纂：《濟寧直隸州志》卷二十五，〈人物三〉，〈戴文謨〉等。

〔註66〕原北平故宮博物院文獻館編：《清代文字獄檔》，第九輯，〈曾靜遣徒張倬投書案〉，〈陝西總督岳鍾琪奏摺〉、〈刑部左侍郎杭奕祿等奏摺〉等；（清）張廷玉等奉敕修：《大清世宗憲皇帝實錄》卷之八十一，雍正七年己酉五月乙丑條，影印本《清實錄》第八冊，頁七二至七三。

〔註67〕中國第一歷史檔案館編：《雍正朝起居註冊》，雍正六年歲次戊申十一月十一日丁巳條，第三冊，頁二三九二至二四○四、二四○八至二四一一。

〔註68〕中國第一歷史檔案館編：《雍正朝漢文硃批奏摺彙編》，第十三冊，〈四五七　川陝總督岳鍾琪奏密報張倬投書策反情由摺雍正六年九月二十八日〉之硃批，頁五

也，亦未料其逆情如此之大也」，表示「此書一無可隱諱處，事情明白後，朕另有諭」〔註69〕。雍正六年十一月十一日，世宗諭諸王、大臣等：

　　朕荷上天眷佑，受聖祖仁皇帝付託之重，君臨天下，自御極以來，夙夜孜孜，勤求治理，雖不敢比於古之聖君哲后，然愛養百姓之心，無一時不切於癮瘝，無一事不竭其周詳，撫育誠求，如保赤子，不惜勞一身以安天下之民，不惜殫一心以慰黎庶之願，務期登之袵席而無一夫不得其所，宵旰憂勤，不遑寢食。意謂天下之人庶幾知朕之心，念朕之勞，諒朕之苦，各安生業，共敦實行，人心漸底於善良，風俗胥歸於醇厚。朕雖至勞至苦，而此心可大慰矣。豈意有逆賊曾靜，遣其徒張熙投書於總督岳鍾琪，勸其謀反，將朕躬肆為誣謗之詞，而於我朝極盡悖逆之語。廷臣見者，皆疾首痛心，有不共戴天之恨。似此影響全無之事，朕夢寐中亦無此幻境，實如犬吠狼嗥，何足與辨！既而思之，逆賊所言，朕若有幾微愧歉於中，則當回護隱忍，暗中寢息其事。今以全無影響之談，加之於朕，朕之心，可以對上天，可以對皇考，可以共白於天下之億萬臣民。而逆賊之敢於肆行誣謗者，必更有大奸大惡之徒捏造流言，搖眾心而惑眾聽，若不就其所言明目張膽宣示播告，則魑魅魍魎不公然狂肆於光天化日之下乎！

於策反書中所言其十款大罪逐條加以駁斥，指出：「以上諸條，實全無影響、夢想不及之事」，「必有與國家為深仇積恨之人捏造此言，惑亂眾聽」，追根溯源，這些人必是阿其那、塞思黑等之奸黨。諭旨又對諸般災異感應之徵予以辯駁，並說：

　　夫災異之事，古昔帝王未常諱言，蓋此乃上天垂象以示儆也。遇災異而能恐懼修省，即可化災為福矣；遇嘉祥而或侈肆驕矜，必致轉福為災矣。

世宗自信清白，坦然言道：

　　若朕稍有不可自問之處，而為此佈告之詞，又何顏以對內外臣工、萬方黎庶？將以此欺天乎？欺人乎？抑自欺乎？朕見逆賊之

五八。

〔註69〕中國第一歷史檔案館編：《雍正朝漢文硃批奏摺彙編》，第十三冊，〈五五九　川陝總督岳鍾琪奏密呈張倬所帶曾靜逆書摺雍正六年十月十七日〉之硃批，頁六八九至六九○。

書，坦然於中，並不忿怒，且可因其悖逆之語，明白曉諭，俾朕數年來寢食不遑，為宗社蒼生憂勤惕厲之心，得白於天下後世，亦朕不幸中之大幸事也。〔註70〕

翌年冬十月初八日、十二日、十三日，世宗又連頒諭旨，公佈其繼位前後宮廷鬥爭的內幕，以表明自己膺承「治統」的合法和正當，以及道德之無缺〔註71〕。

（二）關於「華夷之辨」等問題，即清代君主的德性及「正統」問題。此前學者的研究多僅著眼於「華夷之辨」的表象，而忽視世宗論辨之詞中對儒家核心思想「德」的深刻闡發。

曾靜上岳鍾琪之書稱，「慨自先明，君喪其德，臣失其守，中原陸沈。夷狄乘虛，竊據神器，乾坤反覆，地塌天荒。八十餘年天運衰竭，天震地怒，鬼哭神號」，「夷狄異類，譬如禽獸」，「自崇禎甲申以至今日，與夫德祐以迄洪武中間，兩截世界，百度荒塌，萬物消藏。無當世事功足論，無當代人物堪述」等。曾靜《知新錄》云：「蓋以華夷之分，大於君臣之倫。華之與夷，乃人與物之分界，為域中第一義」、「人與夷狄無君臣之分」、「夷狄盜竊天位，染汙華夏」等，皆導源於呂留良「華夷之分，大過於君臣之倫」、「德祐以後，天地大變。亘古未經，於今復見」之說〔註72〕。

對此，世宗乃據傳統儒家經義中的核心理念批駁呂留良的「華夷之辨」，認為「德」才是「正統」的關鍵。他在雍正七年九月十二日的諭旨中說道：

自古帝王之有天下，莫不由懷保萬民，恩加四海，膺上天之眷命，協億兆之歡心，用能統一寰區，垂庥奕世。蓋生民之道，惟有

〔註70〕中國第一歷史檔案館編：《雍正朝起居註冊》，雍正六年歲次戊申十一月十一日丁巳條，第三冊，頁二三九一至二四○五、二四○八至二四一三；又，《大義覺迷錄》卷一，見中國社會科學院歷史研究所清史研究室編：《清史資料》，第四輯，頁9至26。關於清世宗繼位問題之爭論，可參〔美〕吳秀良（Silas H. L. Wu）撰：《康熙朝儲位鬥爭記實》（*Passage to Power——K'ang-hsi and His Heir Apparent*，1661-1722）；〔日〕楊啟樵撰：《雍正帝及其密摺制度研究》，〈第三章　清世宗篡位說平議〉，頁37至70；馮爾康撰：《雍正傳》，〈第一章　儲位鬥爭的勝利者〉，頁4至74等。

〔註71〕中國第一歷史檔案館編：《雍正朝起居註冊》，雍正七年歲次己酉十月初八日己酉條、十二日癸丑條、十三日甲寅條等，第四冊，頁三一八六至三一九六、三二○八至三二一四、三二一六至三二一八等。

〔註72〕中國第一歷史檔案館編：《雍正朝起居註冊》，雍正六年歲次戊申十一月十一日丁巳條，第三冊，頁二四○五至二四○八、二四一一至二四一二等；《大義覺迷錄》卷一、卷二，見中國社會科學院歷史研究所清史研究室編：《清史資料》，第四輯，頁29、52至54等。

德者可爲天下君。此天下一家，萬物一體，自古迄今，萬世不易之
常經，非尋常之類聚群分，鄉曲疆域之私衷淺見所可妄爲同異者也。
《書》曰：「皇天無親，惟德是輔。」蓋德足以君天下，則天錫佑之
以爲天下君。未聞不以德爲感孚，而第擇其爲何地之人而輔之之理。
又曰：「撫我則后，虐我則仇。」此民心向背之至情，未聞億兆之歸
心，有不論德而但擇地之理。又曰：「順天者昌，逆天者亡。」惟有
德者乃能順天，天之所與又豈因何地之人而有所區別乎！

夫天地以仁愛爲心，以覆載無私爲量，是以德在內近者，則大
統集於內近，德在外遠者，則大統集於外遠。孔子曰：「故大德者必
受命。」自有帝王以來，其揆一也。

而曾靜所宗的呂留良的「華夷之辨」，是襲晉、宋六朝偏安以來「不務修德行
仁」的「至卑至陋之見」，「不論天心之取捨、政治之得失，不論民物之安危、
疆域之大小」，「徒謂本朝以滿洲之君，入爲中國之主，妄生此疆彼界之私」，
「於天下一統、華夷一家之時，妄判中外，謬生忿戾」，卻「不知本朝之爲滿
洲，猶中國之有籍貫」，如「舜爲東夷之人，文王爲西夷之人，曾何損於聖德
乎！」世宗自詡「我朝之有造於中國者大矣，至矣」、「我朝之爲君，實盡父
母斯民之道，殫誠求保赤之心」，又道：

我國家肇基東土，列聖相承，保乂萬邦，天心篤祐，德教弘敷，
恩施遐暢，登生民於衽席，偏中外而尊親者，百年於茲矣。

本朝定鼎以來，掃除群寇，寰宇乂安，政教興修，文明日盛，
萬民樂業，中外恬熙，黃童白叟一生不見兵革。今日之天地清寧、
萬姓沾恩超越明代者，三尺之童亦皆洞曉。

自我朝入主中土，君臨天下，並蒙古極邊諸部落俱歸版圖，是
中國之疆土開拓廣遠，乃中國臣民之大幸，何得尚有華夷中外之分
論哉！

論旨又引用唐代文宗、「道統」說的創建者韓愈的「中國而夷狄也，則夷狄
之；夷狄而中國也，則中國之」之說，強調人與禽獸之分，繫於綱常倫紀之
理的有無：

夫人之所以爲人而異於禽獸者，以有此倫常之理也。故五倫謂
之人倫，是闕一則不可謂之人矣。君臣居五倫之首，天下有無君之
人而尚可謂之人乎！人而懷無君之心，而尚不謂之禽獸乎！盡人倫
則謂人，滅天理則謂禽獸，非可因華夷而區別人禽也。

反詰：

> 且逆賊呂留良等以夷狄比於禽獸，未知上天厭棄內地無有德
> 者，方眷命我外夷爲內地主。若據逆賊等論，是中國之人皆禽獸之
> 不若矣，又何暇內中國而外夷狄也？自詈乎？詈人乎？

針對曾靜、呂留良等人的「華夷之辨」、故意貶抑外夷的文字，世宗提出文章
著述「所以信今傳後，著勸戒於簡編，當平心執正而論」的看法：

> 於外國入承大統之君，其善惡尤當秉公書錄，細大不遺。庶俾
> 中國之君見之，以爲外國之主且明哲仁愛如此，自必生奮勵之心。
> 而外國之君見是非之不爽，信直道之常存，亦必愈勇於爲善，而深
> 戒爲惡。此文藝之功，有補於治道者，當何如也！倘故爲貶抑淹
> 沒，略其善而不傳，誣其惡而妄載，將使中國之君以爲，既生中
> 國，自享令名，不必修德行仁，以臻郅隆之治；而外國入承大統之
> 君以爲，縱能夙夜勵精，勤求治理，究無望於載籍之襃揚，而爲善
> 之心因而自怠，則內地蒼生，其苦無有底止矣。其爲人心世道之害
> 可勝言哉！〔註73〕

（三）關於「道統」的膺承，亦「正統」攸歸之問題。目前的研究尚未
注意及之。

曾靜《知新錄》內云：「皇帝合該是吾學中儒者做，不該把世路上英雄做。
周末局變，在位多不知學，儘是世路中英雄，甚者老奸巨滑，即諺所謂光棍
也。若論正位，春秋時皇帝該孔子做；戰國時皇帝該孟子做；秦以後皇帝該
程、朱做；明末皇帝該呂子做。今都被豪強佔據去了。吾儒最會做皇帝，世
路上英雄他那曉得做甚皇帝」，「開蒙書，敘道統，只該敘到呂子止」；曾靜上
岳鍾琪之書內載有「於今正值斯文厄運，是以孔廟焚毀」，「孔廟既毀，朱祠
復災」等有關「道統」的災異感應之徵〔註74〕。

雍正七年六月二十一日，世宗遂有諭旨，痛詆呂留良的道德品行：

> 逆賊呂留良者，悍戾凶頑，好亂樂禍，自附明代王府儀賓之孫，
> 追思舊國，憤懣詆譏。夫儀賓之後裔，於戚屬至爲疏賤，何足比數！

〔註73〕中國第一歷史檔案館編：《雍正朝起居註冊》，雍正七年歲次己酉九月十二日
　　　　癸未條，第四冊，頁三一二七至三一三四。

〔註74〕《大義覺迷錄》卷二，見中國社會科學院歷史研究所清史研究室編：《清史資
　　　　料》，第四輯，頁48、66、94 等；中國第一歷史檔案館編：《雍正朝起居註冊》，
　　　　雍正六年歲次戊申十一月十一日丁巳條，第三冊，頁二四〇九等。

　　且生於明之末季，當流寇陷北京時，呂留良年方孩童，本朝定鼎之
後，伊親被教澤，始獲讀書成立，於順治年間應試，得為諸生，嗣
經歲科屢試，以其浮薄之才，每居高等，盜竊虛名，誇榮鄉里。是
呂留良於明，毫無痛癢之關，其本心何曾有高尚之節也！乃於康熙
六年，因考校失利，妄為大言，棄去青衿，忽追思明代，深怨本朝，
後以博學宏辭薦，則詭云必死，以山林隱逸薦，則薙髮為僧。按其
歲月，呂留良身為本朝諸生十餘年之久矣，乃始幡然易慮，忽號為
明之遺民。千古悖逆反覆之人，有如是之怪誕無恥、可嗤可鄙者乎！
自是著邪書、立逆說，喪心病狂，肆無忌憚，其實不過賣文鬻書，
營求聲利，而遂敢於聖祖仁皇帝任意指斥，公然詛罵，以毫無影響
之事，憑空撰造，所著詩文以及日記等類，或鐫板流傳，或珍藏秘
密，皆人世耳目所未經、意想所未到者。

附以其文集中所載種種「無父無君」的文字範例，從而說明呂留良不配承繼
千古聖教之「道統」：

　　　　且呂留良動以理學自居，謂己身上續周、程、張、朱之道統。
夫周、程、張、朱，世之大儒，豈有以無父無君為其道，以亂臣賊
子為其學者乎！此其狎侮聖儒之教，敗壞士人之心，真名教中大罪
魁也。而庸流下愚，不能灼知其心跡行藏，乃以一不解天經地義之
匪類，猶且群然以道學推之，則斯文掃地矣。〔註75〕

　　同時，世宗就曾靜的華夷觀念和對「道統」的認識，遞推其思想根源，
認定：

　　　　夫呂留良生於浙省人文之鄉，讀書學問，初非曾靜山野窮僻、
冥頑無知者比。且曾靜只譏及於朕躬，而呂留良則上誣聖祖皇考之
盛德；曾靜之謗訕，由於誤聽流言，而呂留良則自出胸臆，造作妖
妄。況曾靜謬執中國、夷狄之見，胸中妄生疑團，若不讀呂留良之
書，不見呂留良之議論蜂起，快心滿意，亦必有所顧忌而不敢見之
文辭。是呂留良之罪大惡極，誠有較曾靜更為倍甚者也。

〔註75〕中國第一歷史檔案館編：《雍正朝起居註冊》，雍正七年歲次己酉六月二十一
　　　　日甲午條，第四冊，頁二八八九至二八九八。又，（清）張廷玉等奉敕修：《大
　　　　清世宗憲皇帝實錄》卷之八十一，將此諭旨繫於雍正七年己酉五月乙丑條，
　　　　影印本《清實錄》第八冊，頁七三至七七，疑誤。又，關於對呂留良之評論，
　　　　可參陳祖武撰：〈呂留良散論〉等。

其逆賊呂留良及其子孫、嫡親弟兄、子侄，應照何定律治罪之
處，著九卿、翰、詹、科、道會議，直省督、撫、提督、兩司，秉
公各抒己見，詳核定議具奏。〔註76〕

在世宗的雄辯之下，無論是出於心悅誠服，還是迫於政治壓力，曾靜的
態度發生明顯的改變。據《大義覺迷錄》所載，曾靜表示：「本朝歷聖之德與
堯舜、禹湯無異」、「列祖相承之德，皆為聖人」、「聖祖皇帝之心即天心，聖
祖皇帝之德即天德」、「聖祖皇帝之揆道精義，傳子即以傳賢，並二帝兼三王
而適於中者，邁百王而首出矣」、「皇上道德純全，超越千古，本朝治教休明，
邁盛三代，大聖人興起在位應也」、「孔子之心即天心」、「今聖心與孔子之心
為一，即是與天心為一」、「皇上以堯舜之君道，復備孔子之師道」、「治德淵
微，聖學高深」、「古來治統、道統之合一而從天定者」、「而我朝極帝王之隆，
兼積累作述之全，則治統道統之歸曉然矣」〔註77〕。

經一年多的會議，刑部等衙門定擬：

呂留良，身列本朝子衿，妄附前代儀賓之裔，追思舊國，詆毀
朝章，造作惡言，妄行記撰，倡狂悖亂，罪惡滔天，甚至敢將聖祖
仁皇帝誣衊指斥，悖逆已極。臣等莫不切齒痛心，允宜按律定罪，
顯加誅滅，以扶人紀，以絕亂源。呂留良，應剉屍梟示，財產入官。
伊子呂葆中，曾叨仕籍，世惡相濟，前此一念和尚謀叛案內，連及
呂葆中，逆跡彰著，亦應剉屍梟示。呂毅中，應擬斬立決。伊子孫，
並兄弟、伯叔，兄弟之子，及女、妻、妾、姊、妹，子之妻、妾，
應行文該督，查明按律完結，並行知各省、府、州、縣，將大逆呂
留良所著文集、詩集、日記，及他書已經刊刷、及抄錄者，於文到
日，出示徧諭，勒限一年，盡行焚毀。

雍正八年十二月十九日得旨：

呂留良懷悖逆不臣之心，假託先儒糟粕餘論，欺世盜名，以致
人心陷溺，為其迷惑已久。愚昧之徒，稱為夫子，幾謂其駕乎程、
朱之上，甚至奉祀書院以尊崇之。今其逆謀穢行，無不敗露。天下
焉有喪滅倫常，猶得託名於理學之林，而著作尚有可取者乎？今內

〔註76〕中國第一歷史檔案館編：《雍正朝起居註冊》，雍正七年歲次己酉六月二十一
　　　　日甲午條，第四冊，頁二八九六、二八九八等。
〔註77〕《大義覺迷錄》卷一至卷四，見中國社會科學院歷史研究所清史研究室編：
　　　　《清史資料》，第四輯，頁51、154、115、162、158、43、95、155、168等。

外臣工等，合詞陳奏。朕思呂留良之罪，從前諭旨甚明，在天理、國法，萬無可寬。然天下至廣，讀書之人至多，或者千萬人中，尚有其人，謂呂留良之罪，不至於極典者。朕慎重刑罰，誅奸鋤叛，必合乎人心之大公，以昭與眾棄之之義。至其所著書籍，臣工等奏請焚毀。復思呂留良，不過盜襲古人之緒餘，以肆其狂誕空浮之論。有識見者，固不待言，即當日被其愚惑者，今亦自然窺其底裏而嗤笑之也。況其人品心術若此，其言更何可取？今若焚滅其跡，假使毀棄不盡，則事屬空文；倘毀棄盡絕，則將來未見其書者，轉疑伊之著述，實能闡發聖賢精蘊，而惜其不可復得也。即呂留良書籍中，有大逆不道之語，伏思我聖祖仁皇帝聖德神功，際天蟠地，如日月之照臨宇宙，萬古爲昭，豈呂留良所能虧蔽於萬一乎？著將廷臣所議，行文直省學政，徧行詢問各學生監等，應否照議，將呂留良、呂葆中剉屍梟示，伊子呂毅中斬決，其所著文集、詩集、日記，及他書已經刊刻刷印暨鈔錄者，盡行燔毀之處，著秉公據實，作速取具該生監等結狀具奏。其有獨抒己見者，令其自行具呈，該學政一併具奏，不可阻撓隱匿。俟具奏到日，再降諭旨。〔註78〕

兩年後，世宗藉「普天率土之公論如此」之名，裁定：

> 呂留良、呂葆中，俱著戮屍梟示。呂毅中著改斬立決。其孫輩俱應即正典刑，朕以人數眾多，心有不忍，著從寬免死，發遣寧古塔，給與披甲人爲奴，倘有頂替隱匿等弊，一經發覺，將浙省辦理此案之官員，與該犯一體治罪。呂留良之詩、文、書籍，不必銷毀。其財產令浙江地方官變價，充本省工程之用。

呂留良門人嚴鴻逵即嚴賡臣因瘐死獄中被戮屍梟示，傳習呂留良之說的嚴鴻逵弟子沈在寬被斬立決，刊刻呂書的車鼎豐、車鼎賁，陰相結援的孫用克，私藏禁書的周敬輿等人斬監候，其餘人等各照律治罪或釋放〔註79〕。

至於曾靜、張熙等，經內閣、九卿等復訊，「據曾靜供出，與從前口供俱各相符，俯首認罪，甘服上刑」，廷臣等再三擬議奏請，將曾靜、張熙俱照謀

〔註78〕　（清）張廷玉等奉敕修：《大清世宗憲皇帝實錄》卷之一百一，雍正八年庚戌十二月癸丑條，影印本《清實錄》第八冊，頁三三九至三四〇。

〔註79〕　（清）張廷玉等奉敕修：《大清世宗憲皇帝實錄》卷之一百二十六，雍正十年壬子十二月乙丑條、庚午條等，影印本《清實錄》第八冊，頁六五四、六五七等。

反大逆律淩遲處死，其親屬、族人照律處置〔註80〕。而世宗卻以爲「曾靜之過雖大，實有可原之情」：

> 蓋其分別華夷中外之見，則蔽錮陷溺於呂留良不臣之邪說；而其謗及朕躬者，則阿其那、塞思黑、允禩、允禵等之逆黨奸徒，造作蜚語，布散傳播，而伊誤信以爲實之所致。

> 今因曾靜之事，而查出首先造謗之渠魁，蓋以此案發覺尚早，易於追尋，故可遞推而得其根源也。

> 即此則曾靜不爲無功，即此可以寬其誅矣。

> 則曾靜之誤聽，尚有可原之情，而無必不可寬之罪也。

命「除造作布散流言之逆黨，另行審明正法外，著將曾靜、張熙免罪釋放，並將伊之逆書，及前後審訊詰問之語，與伊口供，一一刊刻頒佈，使天下人共知之」。世宗還申明「朕之寬宥曾靜，非矯情好名而爲此舉也」，「朕赦曾靜，正欲使天下臣民，知朕於改過之人，無不可赦之罪，相率而趨於自新之路也」，告喻：

> 曾靜等係朕特旨赦宥之人，彼本地之人，若以其貽羞桑梓，有嫉惡暗傷者，其治罪亦然。即朕之子孫，將來亦不得以其詆毀朕躬，而追究誅戮之。蓋曾靜之事，不與呂留良等。呂留良之罪，乃皇考當日所未知而未赦者，是以朕今日可以明正其罪。若曾蒙皇考赦免之旨，則朕亦自遵旨而曲宥其辜矣。〔註81〕

雍正八年初，於江、浙等地宣揚世宗之大義後，曾靜被護送回湖南，「料理家務」畢，「自行投到觀風整俗使李徽衙門聽用」〔註82〕。同年，彙集清世宗有關諭旨、曾靜諸人供詞及其〈歸仁說〉等文字的《大義覺迷錄》一書刊

〔註80〕中國第一歷史檔案館編：《雍正朝漢文硃批奏摺彙編》，第十六冊，〈六五三　刑部尚書德明等奏覆逐款再訊曾靜口供情形並請將其立正典刑摺雍正七年十月初六日〉，頁八五二至八七一；中國第一歷史檔案館編：《雍正朝起居註冊》，雍正七年歲次己酉十月十五日丙辰條，第四冊，頁三二二四至三二二五；《大義覺迷錄》卷三，見中國社會科學院歷史研究所清史研究室編：《清史資料》，第四輯，頁 134 至 135 等。

〔註81〕中國第一歷史檔案館編：《雍正朝起居註冊》，雍正七年歲次己酉十月初八日己酉條，第四冊，頁三一八七、三一九四至三一九六等。關於世宗赦免曾靜、張熙的原因，又可參倪軍民撰：〈雍正帝赦免曾靜策反案發微〉等。

〔註82〕中國第一歷史檔案館編：《雍正朝漢文硃批奏摺彙編》，第十七冊，〈六七七　湖南巡撫趙弘恩奏酌量捐給曾靜日用任其他往並應否將袁熾釋放周楠遞回籍摺雍正八年二月初四日〉，頁八七〇。

竣，頒發天下〔註83〕。

　　雍正十三年八月二十三日子刻，清世宗崩〔註84〕。九月初三日，清高宗繼位〔註85〕。冬十月初八日，爲維護帝王的尊嚴及其「正統」的形象和地位，高宗特諭：

> 曾靜大逆不道，雖置之極典，不足蔽其辜。乃我皇考聖度如天，曲加寬宥。夫曾靜之罪，不減於呂留良。而我皇考於呂留良則明正典刑，於曾靜則屏棄法外者，以留良謗議及於皇祖，而曾靜止及於聖躬也。今朕紹承大統，當遵皇考辦理呂留良案之例，明正曾靜之罪，誅叛逆之渠魁，洩臣民之公憤。著湖廣督、撫，將曾靜、張熙，即行鎖拏，遴選幹員，解京候審，毋得疏縱洩漏。其嫡屬，交與地方官嚴行看守候旨。〔註86〕

十一月，曾靜、張熙被鎖拏解京〔註87〕。十二月十九日，高宗諭刑部：

> 曾靜、張熙，悖亂凶頑，大逆不道。我皇考世宗憲皇帝聖度如天，以其謗議止及聖躬，貸其殊死，並有將來子孫不得追究誅戮之諭旨。然在皇考當日，或可姑容，而在朕今日，斷難曲宥。前後辦理雖有不同，而衷諸天理人情之至當，則未嘗不一。況億萬臣民所切骨憤恨，欲速正典刑於今日者，朕又何能拂人心之公惡乎？曾靜、張熙，著照法司所擬，凌遲處死。〔註88〕

曾、張二人終不免於明正典刑。

〔註83〕可參中國第一歷史檔案館編：《雍正朝漢文硃批奏摺彙編》，第十八冊，〈二〇六　寧遠大將軍岳鍾琪奏奉《大義覺迷錄》二部徧諭閣營並抒虔悃等情摺雍正八年三月二十六日〉，頁二六六至二七〇；張偉仁主編：《明清檔案》，〈A43-99　雍正八年五月一日之五　山東兗州總兵官岳含奇揭報領到《大義覺迷錄》日期〉，第四三冊，A43-99（3-1）至A43-99（3-3），頁B24703至B24705等。
〔註84〕（清）張廷玉等奉敕修：《大清世宗憲皇帝實錄》卷之一百五十九，雍正十三年乙卯八月己丑條，影印本《清實錄》第八冊，頁九五四。
〔註85〕（清）董誥等奉敕修：《大清高宗純皇帝實錄》卷之二，雍正十三年乙卯九月己亥條，影印本《清實錄》第九冊，頁一五八至一六一。
〔註86〕（清）董誥等奉敕修：《大清高宗純皇帝實錄》卷之四，雍正十三年乙卯冬十月癸酉條，影印本《清實錄》第九冊，頁二一五至二一六。
〔註87〕中國第一歷史檔案館編：《雍正朝漢文硃批奏摺彙編》，第三〇冊，〈五三三　署湖南巡撫鍾保奏報遵旨委員鎖拿曾靜張熙起解送京摺雍正十三年十一月十八日〉，頁九〇〇至九〇一。
〔註88〕（清）董誥等奉敕修：《大清高宗純皇帝實錄》卷之九，雍正十三年乙卯十二月甲申條，影印本《清實錄》第九冊，頁三二一。

結　語

　　「文字獄」研究，是中國政治及文化史的大課題。其名，或始見於清初
方孝標〈有客行〉詩。其義，為以文字著述及其所反映的思想或觀念為立案
與定讞之主要證據的政治和文化類罪案。清代，是中國帝制時代的終結，又
是國史上文字獄最為頻發的時代。清代的文字獄，為東西方學者所關注，研
究論著甚多，但可商榷之處亦不少。筆者認為，清代文字獄的出現，乃政治
威權向文化威權擴張的具象之一，關乎清廷建立「正統」之業。

　　中國的「正統」，原是政治之統系，其義或源於上古時代的「五德終始」
說和「大居正」、「大一統」說。至唐代，韓愈別立「道統」，序名教授受的源
流，為文化之統系。宋代以後，「正統」之義稍變，道義和文化的涵義高漲，
五德終始和政治的涵義衰減。元末，「正統」始具新義，由「治統」與「道統」
兩者配合而成。而「治統」和「道統」，是宰制中國傳統社會的兩大統系，具
有政治和文化上的至高威權。「治」、「道」相合，爰成「正統」，是宋、元以
後儒家和帝王的最高理想。

　　清代世祖順治、聖祖康熙和世宗雍正三朝，是清廷統治中國的奠基時代。
世祖入關以後，清廷以軍事之征服，定鼎中國，於文化領域，輒取漢化之策
略，以底定人心，確立其政治上的「治統」。聖祖時代，清廷立國日久，國勢
漸盛，文治武功，皆有可觀，更將其政治上的威權延至文化領域，以樹立其
文化上的「道統」。清帝遂倡言「自古得天下之正，莫如我朝」，為清室爭取
「正統」。世宗纘統，極力融合「治」、「道」，以確立其政治和文化上的至高
威權，成就其「正統」的形象和地位。

　　與前述的統治之法相較，清帝復藉文字獄，熔鑄「治」、「道」，用政治和

文化上的至高威權，宰制天下。兩者雖相反而適相成。世祖順治朝和聖祖康熙朝，屬於清代文字獄的發軔時期，爲清代君主用文字之獄確立和維護其「治統」之始；世宗雍正朝，屬於清代文字獄的發展時期，也是清代君主趨向「治」、「道」相合，以實現「正統」的時期。其遞變之路，於後世實具深遠的意義。

順治、康熙兩朝，文字獄多涉及文、史作品中「紀年」、「正朔」等關係「治統」的問題。首起文字獄案，是函可文稿案。順治四年，粵僧函可從南京南歸，出城之時被搜出自撰文稿《再變紀》和福王答阮大鋮書稿，引發文字獄案。《再變紀》以南明弘光朝廷爲正朔，記述其興亡史，又大書各地抗清事蹟，否認清廷的「治統」，大干時忌。其所攜的福王答阮大鋮書稿，可能也被懷疑與反清運動有關聯。由於當時政治、軍事的原因，清廷輕罪函可，將之發遣至瀋陽。函可在東北弘法之餘，以詩文抒發勝朝遺民對故國舊君的眷念之情，流傳甚廣。故百餘年後，清高宗憂慮其影響，禁毀其《千山詩集》等文字。

在函可文稿案之後不久，孫曙等坊刻制藝序案發。清廷大學士馮銓、宋權，於坊間書市發現，孫曙等人的坊刻制藝序文等止寫干支，並無清代年號，即上疏糾劾孫氏等心無本朝，陽順陰逆，且文理悖亂。而孫曙等爲江、浙地區世家舊族的成員，其制藝文字不書清代年號，則是部分東南士族並不承認清廷「治統」的反映。清廷或欲調和各派與籠絡民心，軟硬兼施，從輕結案，以博取江、浙地區士紳階級的支持。孫曙等人在案後的經歷，足見清廷處理方式之靈活和運用策略之有效。

康熙初年，浙江南潯有莊廷鑨《明書輯略》案。順治末年，南潯富家子弟莊廷鑨購得前明大學士朱國禎部分未刊的明史書稿，聘請名士、賓客，編成《明書輯略》一書。廷鑨死後，其父莊胤城爲之刊行。此書涉及清室入關前的史實，語多貶斥，從根本上否定清廷的「治統」地位。至康熙初年，適逢新君初立，諸復明勢力伺機而動。清廷對江、浙地區也特加注意，時欲摧折。經人告發，莊廷鑨《明書輯略》案起。清廷厲行鎮壓，獄案株連甚廣。康熙二年，獄決，被殺者近百人，其家屬等發遣爲奴。

約五十年後，戴名世因修史問題，而觸清廷之忌。翰林院編修戴名世，少立修明史之志，後著《南山集》一書，於明末忠烈之士多有表彰。爲方孝標《滇黔紀聞》所影響，其〈與余生書〉認爲，揆以《春秋》大義，彼時的

南明，應是神州正朔之所在。這自是否認清廷的「治統」之說。康熙五十年，左都御史趙申喬參劾戴氏私刻文集，語多狂悖。戴名世《南山集》案乃起。經刑部等幾度審議，清聖祖裁定，只處決戴名世，其餘涉案人員免死，被分別發遣或入旗爲奴。

　　至雍正朝，文字獄案的焦點，已從對「治統」的認同轉向對「道統」的膺承與對「正統」的爭論。雍正三、四年間，世宗整飭朋黨，而衍生出汪景祺《讀書堂西征隨筆》案、錢名世「名教罪人」案和查嗣庭「試題」案。汪景祺爲年羹堯幕賓，嘗作《讀書堂西征隨筆》，內有〈功臣不可爲論〉、〈歷代年號論〉、〈詼諧之語〉、〈遂寧人品〉等，譏諷、指摘聖祖、世宗之帝德。錢名世曾同年羹堯共事內廷，及年羹堯功成名就，賦詩投贈，有「鼎鐘名勒山河誓，番藏宜刊第二碑」等句，損及聖世聖君之功德。世宗爲維護乃父「治統、道統萃於一人」的尊嚴和地位，怒斥汪景祺文字「悖謬狂亂，至於此極」，以大逆不道罪，處汪氏以極刑；又藉助政治威權，行使文化威權，「以文詞爲國法，示人臣之炯戒」，賜錢名世「名教罪人」匾額，命群臣「咸爲歌詩以刺其惡」，並將錢氏逐回原籍禁錮，以彰顯帝王的「道統」地位和「重名教」的形象。針對黨附權臣隆科多的查嗣庭，世宗藉口其所出的江西鄉試試題用意悖逆，附以抄獲的查氏日記中的「逆詞」，切責查嗣庭「逆天負主」，與汪景祺「相爲表裏」，可見人心、風俗之不端。雍正五年，查嗣庭瘐斃獄中。世宗乃用「尊君父」和「正人心、端風俗」之名，造成其政治和文化上的至高威權。

　　雍正六年秋，發生曾靜遣徒張熙投書案。之前，湖南永興生員曾靜，科場失意，見浙江文人呂留良的著作，受其「華夷之辨」思想的影響，又聽信社會傳言，心生反清之念，遂於這年的秋天，遣徒張熙赴西安，投書策反川陝總督岳鍾琪，述世宗罪狀與「華夷之辨」，邀岳鍾琪趁時舉事。岳鍾琪不爲所動，設法套問得實，具摺密奏。世宗即命挐訊涉案者，查繳相關文字，追根溯源，認爲：傳言純屬阿其那、塞思黑等政敵捏造，惑亂眾聽；而曾靜、呂留良的「華夷之辨」，是襲晉、宋六朝偏安以來「不務修德行仁」的「至卑至陋之見」；呂留良人品道德可嗤可鄙，曾靜卻以爲可承「道統」，是斯文掃地。世宗痛斥政敵的污衊，逐款辯駁，並闡發儒家的經義，極論「德」方爲「正統」的關鍵，而非華、夷之別，強調本朝以「德」受天命，「有造於中國者大矣，至矣」，而有「德」者始可承「道統」，認定「呂留良之罪大惡極，

誠有較曾靜更為倍甚也」。為世宗的雄辯和威權所迫，曾靜悔過服罪，承認：「本朝歷聖之德與堯舜、禹湯無異」、「列祖相承之德，皆為聖人」、「而我朝極帝王之隆，兼積累作述之全，則治統道統之歸曉然矣」。雍正十年，世宗以「公論」之名裁決，呂留良等戮屍梟示，曾靜、張熙被免罪釋放，其餘涉案者各受懲處，實出人意表。高宗御極，曾、張卒不免於三尺之峻法。

至此，清代君主已從確立其「治統」，到維護其「道統」，具有政治和文化上的至高威權，終合「治」、「道」於一，成為「正統」，並以之宰制天下。與西方的歷史進程不同，「在中國的政治史中，結合『道統』與『治統』是專制政權發展最終的步驟」〔註1〕。「治」、「道」合流，名義上「道統者，治統之所在也」，「道統」高於「治統」，但事實上「治統」為「正統」之基，威權遠超「道統」。明末清初，學者費經虞、費密父子即指出：「帝王然後可言道統」、「苟無帝王受天明命，宰育萬彙，有磨礪一世之大權，優善懲惡，公卿行之，以動蕩九服，取儒生空辭虛說，欲以行教化而淳風俗，必不能矣」、「王天下者之於道，本也」〔註2〕。故清代君主之爭取「正統」，誠如有學者所言：

> 清初君主在政治意識形態所努力的是，將「政治勢力」延伸到「文化領域」。確切地說，是因統治者主動介入文化與思想的傳統，致使「皇權」變成「政治」與「文化」運作的核心，而統治者遂成為兩項傳統最終的權威。
>
> 可預期的，清初君主結合「道統」與「治統」，必將對他政權的性質產生影響。這類深遠的作用可見諸君臣關係的變化，以及政治權威概念之改變。〔註3〕

這或者就是清代政治和文化嬗變的道路與歸宿。此後，中國的政治和文化之發展，似均應作如是觀。

〔註1〕黃進興撰：〈清初政權意識形態之探究：政治化的道統觀〉，載《中央研究院歷史語言研究所集刊》，第五十八本第一分，頁122。

〔註2〕（清）費密撰：《弘道書》上，〈弼輔錄論〉、〈統典論〉。

〔註3〕黃進興撰：〈清初政權意識形態之探究：政治化的道統觀〉，載《中央研究院歷史語言研究所集刊》，第五十八本第一分，頁120、125。

附　錄

（唐）韓愈〈原道〉

　　博愛之謂仁，行而宜之之謂義，由是而之焉之謂道，足乎己而無待於外之謂德。仁與義，爲定名；道與德，爲虛位。故道有君子、小人，而德有凶、有吉。

　　老子之小仁義，非毀之也，其見者小也。坐井而觀天，曰天小者，非天小也。彼以煦煦爲仁，孑孑爲義，其小之也則宜。其所謂道，道其所道，非吾所謂道也。其所謂德，德其所德，非吾所謂德也。凡吾所謂道德云者，合仁與義言之也，天下之公言也。老子之所謂道德云者，去仁與義言之也，一人之私言也。

　　周道衰，孔子沒，火於秦，黃老於漢，佛於晉、魏、梁、隋之間。其言道德仁義者，不入於楊，則歸於墨；不入於老，則入於佛。入於彼，必出於此。入者主之，出者奴之；入者附之，出者汙之。噫！後之人其欲聞仁義道德之說，孰從而聽之？

　　老者曰：「孔子，吾師之弟子也。」佛者曰：「孔子，吾師之弟子也。」爲孔子者，習聞其說，樂其誕而自小也，亦曰「吾師亦嘗師之」云爾。不惟舉之於口，而又筆之於其書。噫！後之人雖欲聞仁義道德之說，其孰從而求之？

　　甚矣，人之好怪也，不求其端，不訊其末，惟怪之欲聞。古之爲民者四，今之爲民者六；古之教者處其一，今之教者處其三；農之家一，而食粟

之家六；工之家一，而用器之家六；賈之家一，而資焉之家六。奈之何民不窮且盜也？

古之時，人之害多矣。有聖人者立，然後教之以相生養之道。為之君，為之師。驅其蟲蛇禽獸，而處之中土。寒然後為之衣，饑然後為之食。木處而顛，土處而病也，然後為之宮室。為之工以贍其器用，為之賈以通其有無，為之醫藥以濟其夭死，為之葬埋祭祀以長其恩愛，為之禮以次其先後，為之樂以宣其壹鬱，為之政以率其怠勌，為之刑以鋤其強梗。相欺也，為之符、璽、斗斛、權衡以信之。相奪也，為之城郭甲兵以守之。害至而為之備，患生而為之防。

今其言曰：「聖人不死，大盜不止。剖斗折衡，而民不爭。」嗚呼！其亦不思而已矣。如古之無聖人，人之類滅久矣。何也？無羽毛鱗介以居寒熱也，無爪牙以爭食也。

是故君者，出令者也；臣者，行君之令而致之民者也；民者，出粟、米、麻、絲，作器皿，通貨財，以事其上者也。君不出令，則失其所以為君；臣不行君之令而致之民，則失其所以為臣；民不出粟、米、麻、絲，作器皿，通貨財，以事其上，則誅。

今其法曰，必棄而君臣，去而父子，禁而相生養之道，以求其所謂清淨寂滅者。嗚呼！其亦幸而出於三代之後，不見黜於禹、湯、文、武、周公、孔子也。其亦不幸而不出於三代之前，不見正於禹、湯、文、武、周公、孔子也。

帝之與王，其號名殊，其所以為聖一也。夏葛而冬裘，渴飲而饑食，其事殊，其所以為智一也。今其言曰：「曷不為太古之無事？」是亦責冬之裘者曰：「曷不為葛之之易也？」責饑之食者曰：「曷不為飲之之易也？」《傳》曰：「古之欲明明德於天下者，先治其國；欲治其國者，先齊其家；欲齊其家者，先修其身；欲修其身者，先正其心；欲正其心者，先誠其意。」

然則古之所謂正心而誠意者，將以有為也。今也欲治其心而外天下國家，滅其天常，子焉而不父其父，臣焉而不君其君，民焉而不事其事。孔子之作《春秋》也，諸侯用夷禮則夷之，進於中國則中國之。《經》曰：「夷狄之有君，不如諸夏之亡。」《詩》曰：「戎狄是膺，荊舒是懲。」今也，舉夷狄之法，而加之先王之教之上，幾何其不胥而為夷也？

夫所謂先王之教者，何也？博愛之謂仁，行而宜之之謂義，由是而之焉

之謂道，足乎己無待於外之謂德。其文，《詩》、《書》、《易》、《春秋》；其法，禮、樂、刑、政；其民，士、農、工、賈；其位，君臣、父子、師友、賓主、昆弟、夫婦；其服，麻、絲；其居，宮、室；其食，粟米、果蔬、魚肉。其為道易明，而其為教易行也。

是故，以之為己，則順而祥；以之為人，則愛而公；以之為心，則和而平；以之為天下、國家，無所處而不當。是故，生則得其情，死則盡其常；效焉而天神假，廟焉而人鬼饗。

曰：「斯道也，何道也？」曰：「斯吾所謂道也，非向所謂老與佛之道也。堯以是傳之舜，舜以是傳之禹，禹以是傳之湯，湯以是傳之文、武、周公，文、武、周公傳之孔子，孔子傳之孟軻，軻之死，不得其傳焉。荀與揚也，擇焉而不精，語焉而不詳。由周公而上，上而為君，故其事行。由周公而下，下而為臣，故其說長。」然則如之何而可也？曰：「不塞、不流，不止、不行。人其人，火其書，廬其居。明先王之道以道之，鰥寡孤獨廢疾者有養也。其亦庶乎其可也！」

　　　　　　　　　　　——（唐）韓愈撰：《韓昌黎文集》第一卷

（元）楊奐〈正統八例總序〉

嗚呼！正統之說，禍天下後世甚矣！恨其說不出乎孔孟之前，得以滋蔓彌漫而莫知翦遏也。

通古今考之，既不以逆取為嫌，而又以世系土地為之，重其正乎，後之逆取而不憚者，陸賈之說唱之，莽、操祖而誨之也。不曰予有慚德，不曰武未盡善也。以湯武之順天應人，而猶以為未足，況爾耶？以世系言，則禹、湯、文、武與桀、紂、幽、厲並矣。不曰賊仁者謂之賊，賊義者謂之殘，殘賊之人謂之一夫，而容並之。以土地言，則秦之滅六國，晉之平吳，隋之平陳，苻秦之窺伺梁、魏，周、齊之交爭不息者所激也。不曰以力假仁者霸，霸必有大國；以德行仁者王，王不待大，湯之七十里，文王之百里，以王道為正也。

王道之所在，正統之所在也。不然，使創者不順其始，守者不慎其終，抑有以濟？夫人主好大喜功之慾，必至糜爛其民而後已，其為禍可勝計耶！是以，矯諸儒之曲說，懲歷代之行事，蔽以一言，總為八例，曰得、曰傳、曰衰、曰復、曰與、曰陷、曰絕、曰歸。

孰為得？若帝摯而後陶唐氏得之，夏殷絕而湯武得之是也。以秦、隋而始年，必書曰得，何也？庶幾乎令其後也。未見其甚而絕之，私也；見其甚而不絕，亦私也。一世而得，再世而傳，固也。武德、貞觀之事，既書高祖曰得，繼之曰太宗得之，何也？原其心也。其心如之何？謂我之功也；功著矣，奪嫡之罪，其能掩乎？而曰傳者，誕也。悲夫！虔化之兵未洗，靈武之號又建，啟之不正，習亂宜然。是故，君子惜之。此變例之一也。

孰為傳？曰堯而舜，舜而禹，禹而後啟，周之成、康之類是也。

曰衰者何？如周道衰於幽、厲，漢政衰於元、成之類是也。

曰復者何？如少康之佈德，太甲之思庸，宣王之修明文武之功之類是也。晉惠、中宗則異於是，所謂反正者也，故附見之，此蔣乂之論也。惠帝既復而奪之，何也？咎其為賈后所制，至廢其子，以成中外之亂，德之不剛也。德之不剛，君道失矣。猶中宗改號，而韋后與政，使武氏之燼復著也。

曰與者何？存之之謂也。有必當與者，有不得不與者。昭烈，帝室之胄，卒續漢祀，必當與者也；晉之武帝、元魏之孝文，不得不與者也。昭烈進，魏其黜乎？曰：莽、操之惡均，卻莽而納操，誠何心哉！黨魏媚晉，陳壽不足責也。而曰不取於漢，取於群盜之手，其獎篡乎？魏、晉而下，訖於

梁、陳，狃於篡弒，若有成約，今日爲公爲相，明日進爵而王矣。今日求九錫，明日加天子冕旒、稱警蹕矣。今日僭皇帝位，降其君爲王、爲公，明日害之而臨於朝堂矣。吁！出乎爾者反乎爾，其亦弗思矣乎！史則書之受禪，先儒則目爲正統，訓也哉！曰晉不以爲得者何？斥其攘魏也。斥而與之，何也？順生順，逆生逆，天也。天之所假，能廢之哉？曰後乎此者，不得與斯，何也？惡之也。何惡之，惡其長亂也。不然，亂臣賊子曷時而已乎？《公羊》曰：「錄內而略外。」捨劉宋取元魏，何也？痛諸夏之無主也。大明之日，荒淫殘忍抑甚矣。中國而用夷禮則夷之，夷而進於中國，則中國之也。且肅宗掃清鉅盜，回軨京闕，不曰復而曰與，何也？暴其自立也。五代而與明宗、柴、郭，何也？賢明宗之有王者之言也，「願天早生聖人」是也。周祖以其厚民而約己也。世宗不死，禮樂庶乎可興，奈何不假之年，而使格天之業，殞於垂成也！

　　曰陷者何？夏之有窮浞，漢之有諸呂、新室。晉之永嘉之禍，唐之武、韋、安、史、巢、溫之僭叛是也。始皇十年而從陷例，何也？曰置秦於大亂不道者，始皇也。誘始皇於大亂不道者，李斯也。人主之職，在論一相，是年也，斯之復相之年也。惡惡者疾，故揭爲不哲之鑒，以著輔相之重也。曰景帝即位之初、明帝之永平八年，而書陷者何？以短通喪而啓異端也。短通喪者，滅天性也；啓異端者，亂天常也。雖出承平之令主，而不正其失，何以嚴後世之戒？

　　曰絕者，自絕之也，桀、紂、胡亥之類是也。

　　曰歸者何？以唐、虞雖有丹朱、商均，而謳歌、訟獄歸於舜、禹；桀、紂在上，而天下臣民之心歸於湯、文矣。曰漢建安十三年，繫之劉備何也？以當陽之役也。夫我不絕於民，民其絕我乎？《詩》之〈皇矣〉，乃眷西顧，求民之莫，斯其旨也。商、周之交，紂德爾耳。悠悠上天，不忍孤民之望，亟求所以安之，而其意常在乎文王之所，以潛德言也。

　　曰歸或附之以陷，何也？示無二君也。敢問唐、虞之禪，夏後殷、周之繼，存而不論，何也？曰聖人筆削之矣。起於周敬王之癸亥，何也？曰痛聖人既歿，微言之不聞也。而周之世，書秦之事，何也？著其漸也。秦之叛僭不能制，則周之弱見矣。秦人承三代之餘，混疆宇而一之，師心自恣，絕滅先王典禮，而專任執法之吏，屬階既作，流毒不已。

　　嗚呼！王道之不明、賞罰之不修久矣。然則發天理之誠，律人情之僞，

捨是孰先焉？曰通載者，二帝三王，致治之成法；桀、紂、幽、厲，致亂之
已事也。曰通議者，秦、漢、六朝、隋、唐、五季所以興亡之實跡也。因以
仰述編年之例，具錄而無遺，索其梗概，不過善可以為訓，惡可以為戒而
已。前哲之旨，果中於理，所取也，敢強為之可否？苟為外於理，所去者，
必補之以鄙見者，將足成其良法美意也，而忍肆為斬絕不根之論，徒涉於乖
戾耶？蓋得失不爾則不著，善惡不爾則不分，勸戒不爾則不明。雖綿歷百千
世，而正統之為正統昭昭矣。卓然願治之君，苟察斯言而不以人廢，日思所
以敦道義之本，塞功利之源，則國家安寧長久之福，可坐而致，其為元元之
幸，不厚矣乎！

—— （元）蘇天爵編：《元文類》卷之三十二

（元）楊維楨〈正統辨〉

　　鐵崖先生者，名維楨，字廉夫，姓楊氏。世為紹興山陰縣人。母李氏，夢金鉤自月墮於懷，既寤生先生。少穎悟好學，日記書數千言。父宏，為築萬卷樓鐵崖山中，使讀書樓上，懼性弗顓易怠，去梯，轆轤傳食。積五年，貫穿經、史、百氏，雖老師弗及，因號鐵崖。登元泰定丁卯進士第，授承事郎，天台縣尹。未幾，丁父憂。服闋，改紹興錢清場司令。坐捐鹽，久不調。遂放浪錢唐，與道士張雨遊西湖、南山，窮日夜為樂。

　　至正初，詔徵天下儒臣，修遼、金、宋三史，先生不得預。史成，正統訖無定論。乃著〈正統辨〉。其詞曰：

　　　　正統之說，何自而起乎？起於夏后傳國，湯武革世，皆出於天命、人心之公也。統出於天命、人心之公，則三代而下，歷數之相仍者，可以妄歸於人乎？故正統之義，立於聖人之經，以扶萬世之綱常。

　　　　聖人之經，《春秋》是也。《春秋》，萬代史宗也。首書王正於《魯史》之元年者，大一統也。五伯之權，非不強於王也，而《春秋》必黜之，不使奸此統也。吳楚之號，非不竊於王也，而《春秋》必外之，不使僭此統也。然則，統之所在，不得以割據之地、僭偽之名而論之也。

　　　　尚矣，先正論統於漢之後者，不以劉蜀之祚促與其地之偏而奪其統之正者，《春秋》之義也。彼志三國，降昭烈以儕吳魏，使漢嗣之正，下與漢賊並稱，此《春秋》之罪人矣。復有作《元經》自謂法《春秋》者，而又帝北魏，黜江左，其失與志三國者等爾。以致尊昭烈，續江左，兩魏之名不正而言不順者，大正於宋朱氏之《綱目》焉。

　　　　或問朱氏述《綱目》主意。曰：在正統。故《綱目》之挈統者在蜀、晉，而抑統者則秦昭襄、唐武氏也。至不得已，以始皇之二十六年而始繼周。漢始於高帝之五年，而不始於降秦，晉始於平吳，而不始於泰和，唐始於群盜既夷之後，而不始於武德之元，又所以法於《春秋》之大一統。

　　　　然則，今日之修遼、金、宋三史者，宜莫嚴於正統，與夫一統之辨矣。自我世祖皇帝立國史院，嘗命承旨百一王公修遼、金二史

矣。宋亡，又命詞臣通修三史矣。延祐、天曆之間，屢勤詔旨，而三史卒無成書者，豈不以三史正統之議未決乎？夫其議未決者，又豈不以宋渡於南之後，拘於遼、金之抗於北乎？

吾嘗究契丹之有國矣，自灰牛氏之部落始廣，其初枯骨化形，戴豬服豕，荒唐怪誕，中國之人所不道也。八部之雄，至阿保機披其黨而自尊，迨耶律光而其勢浸盛。契丹之號，立於梁貞明之初；大遼之號，改於漢天福之日。自阿保機訖於天祚，凡九主，歷二百一十有五年。夫遼固唐之邊夷也，乘唐之衰，草竊而起。石晉氏通之，且割幽、燕以與之，遂得窺釁中夏，而石晉氏不得不亡矣。而議者以遼乘晉統，吾不知其何統也。

金之有國，始於完顏氏，實又臣屬於契丹者也。至阿骨打，苟逃性命於道宗之世，遂敢萌人臣之將，而篡有其國，僭稱國號於宋重和之元。相傳九主，凡歷一百一十有七年。而議者又以金之平遼、克宋，帝有中原，而謂接遼、宋之統，吾又不知其何統也。

議者又謂，完顏氏世爲君長，保有肅慎，至太祖時，南北爲敵國，素非君臣。遼祖神冊之際，宋祖未生，遼祖比宋前興五十餘年。而宋嘗遣使卑辭以告和，結爲兄弟，晚年遼爲翁，而宋爲孫矣。此又其說之曲而陋者也。

漢之匈奴、唐之突厥，不皆興於漢、唐之前乎？而漢、唐又與之通和矣。吳、魏之於蜀也，亦一時角立，而不相統攝者也。而秉史筆者，必以匈奴、突厥爲紀傳，而以漢、唐爲正統，必以吳、魏爲分繫，而以蜀漢爲正綱。何也？天理、人心之公，閱萬世而不可泯者也。

議者之論五代，又以朱梁氏爲篡逆，不當合爲《五代史》，其說似矣。吾又不知朱晃之篡，克用氏父子以爲仇矣。契丹氏背唐兄弟之約，而稱臣於梁，非逆黨乎？《春秋》誅逆，重誅其黨。契丹氏之誅，爲何如哉？且石敬瑭事唐，不受其命而篡其國，亦非正矣。契丹氏虜帝出，改晉爲遼，漢興而人心應漢，謂之承晉又可乎？縱承晉也，謂之統可乎？

又謂，東漢四主，遠兼郭、周。宋至興國四年，始受其降，遂以周爲閏，以宋統不爲受周禪之正也。吁！苟以五代之統論之，則

南唐李昇嘗立大唐宗廟，而自稱爲憲宗五代之孫矣。宋於開寶八年滅南唐，則宋統繼唐不優於繼漢、繼周乎？但五代皆閏也，吾無取其統。

吁！天之曆數自有歸，代之正閏不可紊。千載曆數之統，不必以承先朝、續亡主爲正，則宋興不必以膺周之禪，接漢、接唐之閏爲統也。宋不必膺周接唐以爲統，則遂謂歐陽子不定五代爲南史，爲宋膺周禪之張本者，皆非矣。

當唐明宗之祝天，自以夷虜，不任社稷生靈之主，願天早生聖人，自是天人交感，而宋祖生矣，天厭禍亂之極，使之君王中國，非欺孤弱寡之所致也。朱氏《綱目》，於五代之年，皆細注於歲之下，其遺意固有待於宋矣。有待於宋，則直以宋接唐統之正矣，而又何計其受周禪與否乎？中遭陽九之厄，而天猶不泯其社稷，瓜瓞之系，在江之南，子孫享國，又凡百五十有五年。

金泰和之議，以靖康爲游魂餘魄，比之昭烈在蜀，則泰和之議固知宋有遺統在江之左矣。而金欲承其未絕爲得統，可乎？好黨君子，遂斥紹興爲偽宋。吁！吾不忍道矣。張邦昌迎康邸之書曰：「由康邸之舊藩，嗣宋朝之大統。漢家之厄十世，而光武中興；獻公之子九人，而重耳尚在。茲惟天意，夫豈人謀？」是書也，邦昌肯以靖康之後爲游魂餘魄而代有其國乎？

邦昌不得革宋，則金不得以承宋。是則，後宋之與前宋，即東漢、西漢之比爾，又非劉蜀、牛晉，族屬疏遠，馬牛疑迷者之可以同日語也。論正閏者，猶以正統在蜀，正朔相承在江東，矧嗣祚親切，比諸光武、重耳者乎？而又可以偽斥之乎？此宜不得南渡爲南史也明矣。

再考宋祖生於丁亥，而建國於庚申。我太祖之降年，與建國之年亦同。宋以甲戌渡江，而平江南於乙亥、丙子之年，而我王師渡江平江南之年亦同。是天數之有符者不偶然，天意之有屬者不苟然矣。

故我世祖平宋之時，有過唐不及漢，宋統當絕，我統當續之喻。是世祖以曆數之正統歸之於宋，而以今日接宋統之正自屬也。當時，一、二大臣又有奏言曰：其國可滅，其史不可滅也。是又以

編年之統在宋矣。

論而至此，則中華之統，正而大者，不在遼、金，而在於天付生靈之主也昭昭矣。然則，論我元之大一統者，當在平宋，而不在平遼與金之日，又可推矣。夫何今之君子，昧於《春秋》大一統之旨，而急於我元開國之年，遂欲接遼以爲統，至於咈天數之符，悖世祖君臣之喻，逆萬世是非之公論而不恤。

吁！不以天數之正，華統之大，屬之我元，承乎有宋，如宋之承唐，唐之承隋、承晉、承漢也，而妄分閏代之承，欲以荒夷非統之統屬之我元，吾又不知今之君子待今日爲何時？待今聖人爲何君也哉？

烏乎！《春秋》大一統之義，吾已悉之，請復以成周之大統，明之於今日也。

文王在諸侯位凡五十年，至三分天下有其二，遂誕受天命，以撫方夏，然猶九年而大統未集，必至武王十有三年，伐紂有天下，商命始革，而大統始集焉。蓋革命之事，間不容髮。一日之命未絕，則一日之統未集；當日之命絕，則當日之統集也。宋命一日未革，則我元之大統亦一日而未集也。成周不急於文王五十年，武王十三年而集天下之大統，則我元又豈急於太祖開國五十年及世祖十有七年而集天下之大統哉！

抑又論之。道統者，治統之所在也。

堯以是傳之舜，舜以是傳之禹、湯，禹、湯以是傳之文、武、周公、孔子。孔子沒，幾不得其傳百有餘年，而孟子傳焉。孟子沒，又幾不得其傳千有餘年，而濂、洛周、程諸子傳焉。及乎中立楊氏，而吾道南矣。既而宋亦南渡矣，楊氏之傳，爲豫章羅氏、延平李氏，及於新安朱子。朱子沒，而其傳及於我朝許文正公。此歷代道統之源委也。然則，道統不在遼、金而在宋，在宋而後及於我朝。君子可以觀治統之所在矣。

嗚呼！世隔而後其議公，事久而後其論定。故前代之史，必修於異代之君子，以其議公而論定也。《晉史》修於唐，《唐史》修於宋，則《宋史》之修，宜在今日而無讓矣。而今日之君子，又不以議公論定者自任，而又諉曰付公論於後之儒者，吾又不知後之儒者

又何儒也。此則余爲今日君子之痛惜也。今日堂堂大國，林林鉅儒，議事爲律，吐詞爲經，而正統大筆，不自豎立，又闕之以遺將來，不以貽千載《綱目》君子之笑爲厚恥，吾又不知負儒名於我元者，何施眉目以誦孔子之遺經乎！

洪惟聖天子當朝廷清明、四方無虞之日，與賢宰臣親覽經史，有志於聖人《春秋》之經制，故斷然定修三史，以繼祖宗未遂之志，甚盛典也。故知其事大任重，以在館之諸賢爲未足，而又遣使草野，以聘天下之良史才，負其任以往者，有其人矣。而問之以《春秋》之大法、《綱目》之主意，則概乎其無言也。

嗚呼！司馬遷易編年爲紀傳，破《春秋》之大法，唐儒蕭茂挺能議之。孰謂林林鉅儒之中，而無一蕭茂挺其人乎？此草野有識之士之所甚惜而不能倡其言於上也。故私著其說，爲〈宋遼金正統辨〉，以俟千載《綱目》之君子云。若其推子、午、卯、酉，及五運之王，以分正統之說者，此日家小技之論，王勃兒輩之佞其君者爾，君子不取也，吾無以爲論。

辨出，見者題之，謂其正大光明，雖百世之下無以易之者。（後略。）

—— （明）貝瓊撰：《清江貝先生文集》卷之二

（明）楊慎〈廣正統論〉

遜志方子作《正統論》，大概以夷狄篡弒女主三者，非統治之正，其論精且悉矣。因而廣其未備云。

楊子曰：夷亂華，足加首，非乎！而夷狄是已，是曰易天明，胡元極矣，稽誅於兩儀者也。柔乘剛，陰干陽，非乎！而女主是已，是曰逆天常，呂、武極矣，稽誅於三綱者也。戕其主，逆其天，非乎！而篡弒是已，是曰亂天紀，稽誅於萬世者也。莽、操極矣，皆重絕於《春秋》者也。

或獻疑曰：胡元也，呂、武也，莽、操也，皆後乎《春秋》者也，何以見其誅絕於聖人也？曰：推以例之，是以知之。書楚人，外荊舒，是以知其不與夷狄也。絕姜氏、孫夫人，是以知其不與女主也。書乾侯，黜季氏，是以知其不與篡弒也。夫女主也，夷狄也，春秋之世，則未有知胡元、呂、武也。而羿、浞竊夏四十餘年，則有莽、操之儔矣，未有以統與羿、浞者也。是篡弒者非直《春秋》不與也，夫人皆不與也。以篡弒之不得與，知女主、夷狄之必不與也。

曰：是則然矣。王通氏嘗帝元魏矣，歐陽氏嘗紀武曌矣，涑水氏嘗帝魏曹、寇武侯矣。曰：通也偏，劉子玄已駁之矣；歐也迷，伊川翁已正之矣；涑水也固，朱子已改之矣。三子之瑕也，尤也，可攻也，不可效也。然即三子而論，則歐陽、涑水猶無說矣。通則有說矣，其曰：亂離瘼矣，吾誰適歸？天地有奉，生民有庇，即吾君也。居先王之國，受先王之道，子先王之民，謂之何哉？是其言也，偏也、迷也、固也，通兼有之。嘗曰：大哉！中國五帝三王之所自立也。既曰帝王自立，夷狄豈得而立之？通之言自相戾矣。且元魏之慘殺，史所載有不忍觀者，生民何庇乎！元魏居先王之國，子先王之民矣，何嘗受先王之道乎！通又自戾其說矣。嗚呼！通生元魏之地則帝元魏，使通生莽、操之世，亦將曰吾誰適歸、即吾君也，是何異於甄豐、華歆？若使呂后傳於其女魯元公主，武氏傳於其女千金公主，而魯元、千金又女女相傳，通生其時，亦將事之，通作其史，亦將帝之，又何以異於陳平、魏元忠，何足以爲通惜哉？通而有是也。近世無錫邵尚書之說曰：華夷之輕重，以地亦以人，中國帝王人地俱重，蠻夷荒服人地俱輕。人重而地輕，則有若箕子之在朝鮮；人輕而地重，則有若陸渾之在伊、洛。故曰：名從中國，物從主人。小物且然，而況大器乎！如使猾夏者遂稱帝王，則用夏變夷者，將亦從之夷乎！王通氏誠變於夷者也，是足以誅通矣。

　　或曰：方子以正統之說起於《春秋》，信乎？曰：信也。豈唯《春秋》，《易傳》昭矣。班固作《曆志》，引《易傳》曰：古者庖犧氏之王天下也；繼之曰：庖犧氏沒，神農作，神農沒，黃帝氏作，黃帝既沒，堯、舜氏作，此即正統之說也。夫庖犧氏之後，神農之前，有共工氏，伯九域，《祭典》存之，而《周易》不載其序，以其任知刑以強而不王也。德之劣者，聖人且黜之不載焉。有易天明，反天常，亂天紀，而可以承正統乎！夫萬代之統，猶一代之宗，商之賢者十餘君，而太甲稱太宗，大戊稱中宗，武丁稱高宗，爲宗者三而已。降而至漢，上之自尊，下之媚上，世已非商比矣。而其稱宗者曰太宗者文，曰世宗者武，曰中宗者宣而已。同姓一代不皆宗，則易姓承代，不皆統一也。至唐則無賢不肖，淫僻夭昏者皆宗矣。無賢不肖，淫僻夭昏皆宗，則無惑乎！夷狄、篡弒、女主皆統也！

　　國之統也，猶道之統也。堯以是傳之舜，舜以是傳之禹，禹以是傳之湯，湯以是傳之文、武、周公，周公以是傳之孔子，孔子以是傳之孟軻，軻之死，不得其傳。則如荀、如楊者不敢輕以道統與之。夫不以道統輕與之，則道猶尊，而統猶在也。如使道統而可以承乏，可以假借，秦之道統，可付之斯、高，漢之道統，可屬蕭、曹，而晉、宋、齊、梁之道統，可移至佛圖澄、鳩摩羅什乎！道統不可以乏，而假之斯、高、蕭、曹、澄、羅三靈之主，大寶之位，而以夷狄腥膻之，女主□穢之，篡弒戕賊之，亦何以異於道統與斯、高、蕭、曹、澄、羅乎！方氏之論確矣。有金華太史者獨是之，予之言立，而方氏之論益明，必有是乎予，如金華者乎？將無，作《廣正統論》。

　　　　　　　　　　——（明）楊愼撰：《升菴全集》五卷

（清）王夫之〈敍論一〉

論之不及正統者何也？曰：正統之說，不知其所自昉也。自漢之亡，曹氏、司馬氏乘之以竊天下，而爲之名曰禪。於是，爲之說曰：必有所承以爲統，而後可以爲天子。義不相授受，而強相綴繫，以掩篡奪之跡，抑假鄒衍五德之邪說，與劉歆曆家之緒論，文其詖辭，要豈事理之實然哉？

統之爲言，合而並之之謂也，因而續之之謂也。而天下之不合與不續也多矣，蓋嘗上推數千年中國之治亂，以迄於今，凡三變矣。當其未變，固不知後之變也，奚若？雖聖人弗能知也。

商、周以上，有不可考者。而三代以言之，其時萬國各有其君，而天子特爲之長。王畿之外，刑賞不聽命，賦稅不上供，天下雖合而固未合也，王者以義正名而合之，此一變也。而湯之代夏，武之代殷，未嘗一日無共主焉。及乎春秋之世，齊、晉、秦、楚，各據所屬之從，諸侯以分裂天下。至戰國而強秦六國，交相爲從衡。赧王朝秦，而天下並無共主之號，豈復有所統哉！此一合一離之始也。漢亡，而蜀漢、魏、吳三分。晉東渡，而十六國與拓跋、高氏、宇文，裂土以自帝。唐亡，而汴、晉、江南、吳、越、蜀、粵、楚、閩、荊南、河東，各帝制以自崇。土其土，民其民，或跡示臣屬，而終不相維繫也，無所統也。六國離而秦苟合，以及漢；三國離，而晉乍合之，非固合也。五胡起，南北離，而隋苟合之，以及唐，五代離而宋乃合之，此一合一離之局，一變也。至於宋亡以迄於今，則當其治也，則中國有共主；當其亂也，中國並無一隅分據之主。蓋所謂統者，絕而不續，此又一變也。

夫統者，合而不離、續而不絕之謂也。離矣，而惡乎統之？絕矣，而固不相承以爲統。崛起以一中夏者，奚用承彼不連之系乎？天下之生一治一亂，當其治，無不正者以相干，而何有於正！當其亂，既不正矣，而又孰爲正？有離有絕，固無統也，而又何正不正邪？

以天下論者，必循天下之公，天下非一姓之私也。惟爲其臣子者，必私其君父，則宗社已亡，而必不忍戴異姓異族以爲君。若夫立乎百世以後，持百世以上大公之論，則五帝三王之大德，天命已改，不能強繫之以存。

故杞不足以延夏，宋不足以延商，夫豈忘禹、湯之大澤哉！非五子不能爲夏而歌洛汭，非箕子不能爲商而吟〈麥秀〉也。故昭烈亦自君其國於蜀，可爲漢之餘裔，而擬諸光武，爲九州兆姓之大君，不亦誣乎！充其義類，將

欲使漢至今存而後快，則又何以處三王之明德，降苗裔於編氓邪？蜀漢正矣，已亡而統在晉，晉自篡魏，豈承漢而興者？唐承隋，而隋抑何承？承之陳，則隋不因滅陳而始爲君；承之宇文氏，則天下之大防已淪，何統之足云乎？

　　無所承，無所統，正不正，存乎其人而已矣。正不正，人也；一治一亂，天也。猶日之有晝夜，月之有朔、弦、望、晦也。非其臣子，以德之順逆，定天命之去留，而詹詹然爲已亡無道之國，延消謝之運，何爲者邪？宋亡而天下無統，又奚說焉？近世有李槃者，以宇文氏所臣屬之蕭巋，爲篡弒之蕭衍延苟全之祀，而使之統分據之天下。父子、君臣之倫大紊，而自矜爲義，有識者一哂而已。若鄒衍五德之說，尤妖妄而不經，君子闢之，斷斷如也。

　　　　　　　　　　——〔清〕王夫之撰：《讀通鑑論》卷末

（清）葉燮〈正統論〉下

正統之說曰：正者，所以正天下之不正也；統者，所以合天下之不一也。歐陽子曰：正統之序，上自堯、舜，歷夏、商、周、秦、漢而絕，晉得之又絕，隋、唐得之而又絕。自堯、舜以來，三絕而復續，惟有絕而有續，然後是非而予奪當、而正統明。歐陽子之論，謂爲統明則可，謂爲正統明則不可。何也？夫正可以該統，而統不可以姦正。

正可該統，極之則東周君與宋之在崖山是也，不可易也。統不可姦正，極之則吾前所論羿與莽是也，不容竊也。歐陽子謂正統之序，自堯、舜歷夏、商、周、秦、漢而絕，而晉得之，是以魏爲絕也；魏爲絕，而晉可爲得乎？又謂晉得之而又絕，而隋得之，是以南北朝爲絕也；南北朝爲絕，而隋可爲得乎？統既有時而可絕，則晉與隋亦何不可爲絕乎？

夫統以言乎相傳也，相傳則如祖父、子孫之世及不可絕也。絕而欲續之，必有一定之宗法在。彼有天下者之統而絕，必有堯、舜、夏、商、周、秦、漢，得天下之法在，此即《春秋》大居正之義也。故絕與續之關，爲有天下者公器之衡，必毫末銖兩悉稱方得。且正統者，即夫子所云：三重寡過之君子也。有其位，無其德，則不敢作禮樂。夫德者，正也；位者，統也。不敢作禮樂，雖王天下，不得稱爲寡過之君子。然則，亂臣而有天下，敢作禮樂，而稱寡過之君子乎？故未有德、位不兼，而可稱正統者也。則晉、隋之不得續正統，斷斷然矣。

或曰：正統之斥晉、隋是矣。若唐與宋，一則起兵以隋禪，一則兵變以周禪，獨非纂乎？而俱續正統，何也？曰：唐之得天下於隋也，可云伐暴；宋之得天下於周也，可云救民。伐暴、救民，湯武有其德，而值其時，以踐其位。唐、宋值其時，而取其位，以庶幾合乎德。唐與宋，雖非二帝三王執中之傳，庶幾無戾乎二帝三王之法，以三重之君子，歸之爲正統之絕續可也。歐陽子以統而該正，失輕重之衡，是非未明，予奪未當也。吾故曰所以明統，而非明正統。然正不明，而統亦且因之不明矣。

蘇子曰：正統之爲言有天下云爾。人之得此名而又有此實也，夫何議？天下固有無其實而得其名者，聖人於此不得已焉。而不以實傷名，而名卒不傷實，故名輕而實重。不以實傷名，故天下不爭；名輕而實重，故天下趨於實。是論也，所以爲調停而非折衷以定其歸也。正統者，名不可以虛假乎實，而實不可以冒襲乎名，要使天下後世，知道德仁義之有常尊，而賊亂纂

弑之足爲誠也。《春秋》之法，天王有常尊。文公五年，王使榮叔歸成風之含且賵，後儒謂成風以妾僭嫡，王不能正，使大夫歸含賵焉，則王不稱天以致謹。夫子周人也，昭代之共主，一失其正，則削天而但稱王，其嚴如此。然則，千秋奕代之史筆，於無正之實，而加以正之名者，可不辨而明矣。

蘇子又曰：正統聽其自得者十，堯、舜、夏、商、周、秦、漢、晉、隋、唐，予其可得者六以存教，曰：魏、梁、後唐、晉、漢、周。此本歐陽之說而略爲異同者，又不待辨。蘇子又非章子正統霸統之說，是矣。統而霸則非統矣，王降而霸，霸者猶假仁義，未聞亂賊而可假仁義者。然則，以統歸霸，且不可以統歸亂賊，蘇子謂爲存教，可乎？近時魏禧因霸統之言，又爲正統、偏統、竊統紛紜之說。統者，合天下之不一，既已偏矣，安得稱統？彼竊者，盜也。盜竊人之藏而取其財，即其藏而稱盜爲主人可乎？竊而以統歸之，何異於是！

故不知正之爲義，而爲借襲之說，與不知統之爲義，而爲分晰之論者，皆不得其本者歟！

—— （清）葉燮撰：《已畦集》卷之一

（清）梁廷枬〈正統道統論〉

天下有正統，無道統。三代以前，治從德出，而兩統合。堯、舜、禹遞禪天下，亦遞有訓詞。訓詞者，以道爲授受者也。殷湯、周武，身創大業矣。乃反身修德，則又上接堯、舜以來。當是時，神聖代承，治與道未嘗爲二，而必混於一。混於一，則兩統之名不得分，而統之名更不必立。

判兩統者，蓋自暴秦之一天下始。兩統判，而後正統、道統之說出焉。夫正統者何？別乎僞統而言之也。統曷言僞？不成統也。蜀漢昭烈以帝胄中興，統固直接光武矣。若魏、若吳，皆僞也。推此以論，則繼漢稱正統，惟晉、隋、唐、宋、元、明六姓而已。晉之宋、齊、梁、陳、後魏、北齊、北周，唐之後梁、後唐、後晉、後漢、後周，宋之遼、金，此十四國者，大率據地稱雄，祚短年促，其相去多不過百餘年，少或數年，以詭而得，以篡爲禪，所謂置君如易吏，變國若傳舍，凡人力可爲，無關天授人與者，皆得別之曰僞統。

議者謂：力爭得國爲不正，必以誅無道爲正矣。然則，三代上，惟唐、虞之揖讓爲正統；三代下推漢高之誅暴爲正統，其餘皆僞耶？又謂以王中原者爲正。然則，都咸陽、都長安、都洛陽、都汴、都燕、都南京，未盡同也，豈光武改都洛陽不可以繼西漢耶？豈南渡改都建業不可以繼北宋耶？必執山河疆宇之論，將自古無云正統者矣！此說之難齊也。

道本空虛無形之物耳，寄於聖賢之身則有形，有形故曰統。聖賢在上，政即道也；聖賢在下，言即道也。以政見道，堯、舜、禹、湯、文、武之治是也；以言見道，孔、孟之《詩》、《書》、經傳，雖不言統，而道亦存。且禹五百年而有湯，湯後五百年而有文、武，文、武後五百年而有孔子，又後百餘年而有孟子。中間相去久遠，而先後同出一撤，不啻授受之。遞承如是，而繫以統，誰曰不然？

所難據者，孟子以後耳。在漢時則有若孔、毛、鄭、何、趙，在魏時則有若王、何，在晉時則有若韓、杜、郭、范，在唐時則有若韓、陸，能以所訓注翼聖言、明至教。然□則百川之於江、河，壟斷之於泰山，不足云統也。迨關、閩、濂、洛四子者興，如陽明、如白沙，所謂主靜致知之旨胥宗焉。其言理也，實有以推極乎天人性命之原，察著乎日用倫常之道。無如鑿空而說，未見施爲，可以爲前聖功臣，不可以爲前聖宗子。

乃敘道之譜系，直尊以鄒、魯，則過矣。夫主漢學者，謂其博也；主宋

學者，謂其精也。不知無漢學於前，何以開宋儒之精？無宋學於後，何以形漢儒之博？其兩雖偏廢也亦明甚。及論道統，則必捨漢而歸宋，不亦惑乎？且夫老彭，孔子所竊比也，而聞知一論，孟子猶或遺之，又安知千百餘歲，必無遁世求志之人？文中子其著述，一規模孔、孟者也。而依仿太甚，後世猶或議之，又安知今本《大學》，必合前聖未錯之簡？第執統以論漢儒之所以斷區乎統外，宋儒之所以斷入乎統中，均未見其據也。

然則，孔、孟而後，道分見於諸儒，則道未絕。諸儒不足承統，則統絕。統絕，則道統之名可廢。故曰：天下有正統，無道統也。

——《廣東文徵》卷三十一，轉引自饒宗頤撰：《中國史學上之正統論》

圖　片

以真襲者安能比故新驕奢尚習隋梁舊惠化難
淫漢宋人況是詩文本性情能反性性能生文
忠孝日月椎魯嘉聞漫向風雲皦白雪須知方寸
擲黃金先生行誼巳山岳故看作述寶球琳不然
二十四橋明月間豈少此六十四首之絕句而今
人謳吟之至今

　有客行

鈍齋詩選　　　　　　　　　　卷五
　　　　　　　　　　　　　　　七

有客報門不言姓但云盟好自先正見我局促如
見虎審視不覺雙淚迸音容似父還似兄自言惠
難等重生家破田園骨肉盡網羅未肯賣餘丁我
昔束髮家君浚曾科尊君欽北斗是時伯也正少
年与我詩文相師友丙子尊君文戰負泰淮鞅鞅
尋詩酒伯也壽親為買姬溪山大澤龍蛇有浚聞
生子皆名駒禍福無端從此俱樂盈幾令曲沃絕
趙武猶看宣孟餘我昨生還燕市曲聞此欲救救
無術南還舟遇仲也妻脫來無謀相望哭歸來遍
訪季也踪茫茫烟海迷避驪容令何来往何之何
由得識梁鴻棲客言行李来西湖浪聞欲共我父

方孝標《鈍齋詩選》書影之一

期履穿足繭三月餘金閶歸就故人兒聞我卜宅
毘陵西到門欲叩拙言辭吁嗟乎客勿悲我雖未
知客知客父異兄吾翁念若翁沒下嘗沾纓敢不
體此懷為客心　經營患難人時有平陂理易明客
從西湖來必知西湖事株連文字獄殺戮無老稚
婦女裸且髡連檣如鬼魅又聞山東大索十家
九家骄螫直十數萬人骈首七屠割不異炙其齒
經難還將此事觀君家猶算天恩異吁嗟乎客勿
悲父書可讀祖德遺尊榮貴沒志未伸伯也早七

鈍齋詩選

卷五　　·八

形讀書敦孝友焉知患難不為將來福
　　得徐鳴岐滇遊草閱之喜而寄此
功未成冰堅芸黃碩果在天意將毋春此身炎涼
毋悲彥昇子人情盛衰亦如此報酬母恩睚眦怨
讀君熟讀信陵傳倚伏由來如韓毅春陽早入嚴
霜屋重耳出亡音胙復叔向能昌羊舌族客但欲
生還賓從如秋葉頻遊剑履紛書帖天地惟蜀氷
雪心高音細律窮通接初秋茅屋燈光清鄴架蕭
蕭風雨鳴捨書忽憶滇遊草把吟不覺星河沉矣

方孝標《鈍齋詩選》書影之二

及第初授嘉州判官後以直集賢院出通判濮州
事跡具宋史本傳初介嘗躬耕徂徠山下人以徂
徠先生稱之因以名集介深惡五季以後文格卑
靡故集中極推柳開之功而復作怪說以排楊億
其文章宗旨可以想見雖主持太過抑揚皆不得
其平要亦戞然自為者王士禎池北偶談稱其偭
強勁質有唐人風較勝柳穆二家而終未脫草昧
之氣亦篤論也歐陽修作介墓誌稱所為文章曰
某集者若干卷又曰某集者若干卷凡重言之似

欽定四庫全書總目　卷一百五十二　集部　別集類五　三三

原集當分為二部此本統名徂徠集殆後人所合
編歟第四卷內寄元均叔仁讀易堂永軒暫憩四
詩有錄無書則傳寫佚亦非盡其舊矣介傳孫
復之學毅然以天下是非為已任然客氣太深名
心太重不免流於詭激王偁東都事略記仁宗時
罷呂夷簡富弼王素歐陽修余靖諸人介時為國
仲淹韓琦富弼夏竦王素買昌朝杜衍范
子直講因作慶歷聖德詩以襃貶忠佞其詩今載
集中益仿韓愈元和聖德詩體然唐憲宗削平淮

《欽定四庫全書》書影之二

蔡功在社稷愈仿雅頌以紀功　是其職也至於賢

姦黜陟權在朝廷非儒官所應議且其人見在非

葢棺論定之時迹涉嫌疑尤不當播諸簡牘以分

恩怨厥後歐陽修司馬光朋黨之禍屢與蘇軾黃

庭堅文字之獄迭起寔介有以先導其波又若太

學諸生挾持朝局北宋之末或至於釁割中使南

宋之末或至於驅逐宰執由來者漸亦介有以倡

之史稱孫復見詩有子禍始此之語是猶為一人

言之未及慮其大且遠者也雖當時以此詩得名

欽定四庫全書總目　《卷百至二》集部別集類五　　三三

而其事實不可以訓故仍舊本存之而附論其失

如右

蔡忠惠集三十六卷　江蘇巡撫採進本

宋蔡襄撰襄有茶錄已著錄宋史藝文志載襄集

六十卷奏議十卷文獻通考則作十七卷多寡懸

殊不應如是疑通考以奏議十卷合於集六十卷

總為七十卷而傳刻訛舛倒其文為十七也然其

初本世不甚傳乾道四年王十朋出知泉州已求

其本而不得後屬知興化軍鍾離松訪得其書乃

《欽定四庫全書》書影之三

欽定四庫全書 集部
徂徠集卷三至

詳校官給事中臣李　臺
檢討臣何思鈞覆勘

總校官編修臣王燕緒
校對官編修臣盧　遂
謄錄監生臣陶鳴珂

《欽定四庫全書》書影之四

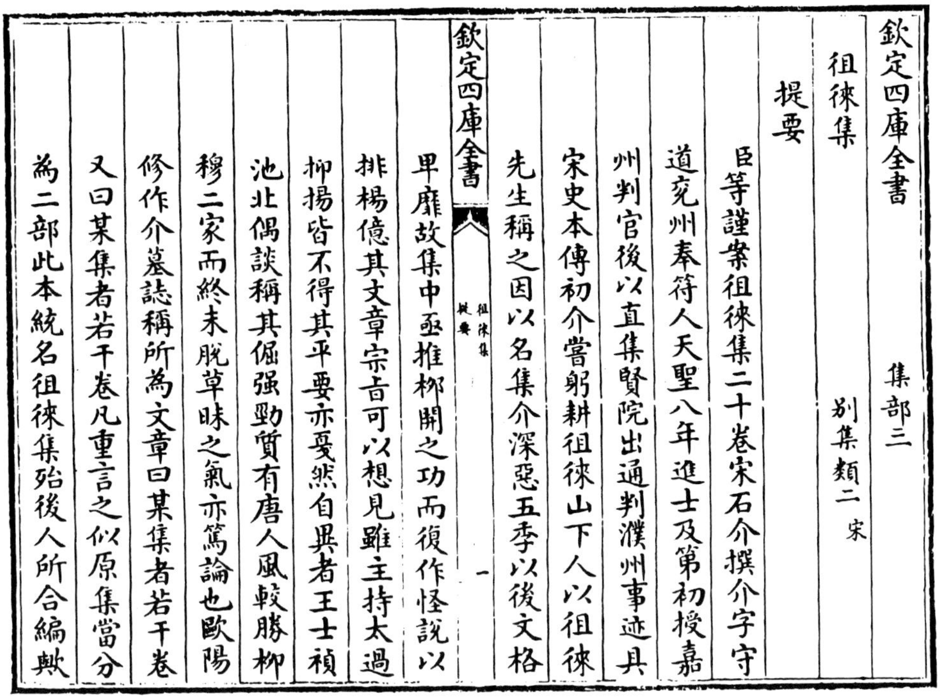

欽定四庫全書　集部三

徂徠集　別集類二　宋

提要

臣等謹案徂徠集二十卷宋石介撰介字守道兖州奉符人天聖八年進士及第初授嘉州判官後以直集賢院出通判濮州事迹具宋史本傳初介嘗躬耕徂徠山下人以徂徠先生稱之因以名集介深惡五季以後文格

欽定四庫全書　徂徠集提要　一

卑靡故集中亟推柳開之功而復作怪說以排楊億其文章宗旨可以想見雖主持太過抑揚皆不得其平要亦戛然自異者王士禎池北偶談稱其倔強勁質有唐人風較勝柳穆二家而終未脫草昧之氣亦篤論也歐陽修作介墓誌稱所為文章曰某集者若干卷又曰某集者若干卷凡重言之似原集當分為二部此本統名徂徠集殆後人所合編歟

《欽定四庫全書》書影之五

第四卷內寄元均叔仁讀易堂永軒暫憩四

詩有錄無書則傳寫脫佚亦非盡其舊矣介

傅孫復之學毅然以天下是非為已任然容

氣太深名心太重不免流於詭激王偁東都

事畧記仁宗時罷呂夷簡夏竦而進章得象

晏殊賈昌朝杜衍范仲淹韓琦富弼王素歐

陽修余靖諸人介時為國子直講因作慶歷

聖德詩以襃貶忠佞其詩令載集中蓋仿韓

愈元和聖德詩體然唐憲宗削平淮蔡功在

社稷愈仿雅頌以紀功是其職也至於賢姦

黜陟權在朝廷非儒官所應議且其人見在

非蓋棺論定之時迹涉嫌疑尤不當播諸簡

牘以招恩怨厥後歐陽修司馬光朋黨之禍

屢與蘇軾黃庭堅文字之獄迭起實介有以

先道夫其波又若太學諸生挾持朝局北宋之

末或至於臠割中使南宋之末或至於驅逐

《欽定四庫全書》書影之六

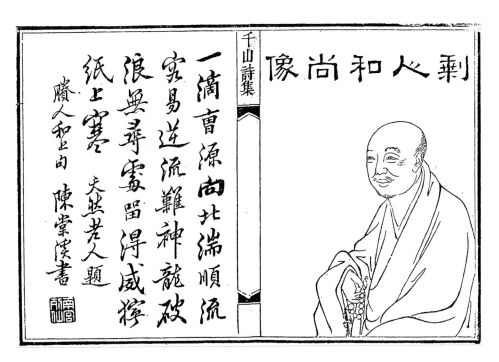

函可像及《千山詩集》書影

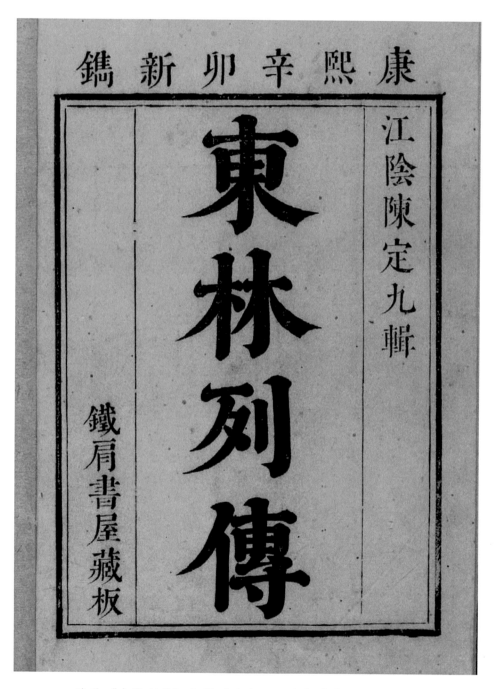

陳鼎《東林列傳》書影（清康熙五十年鐵肩書屋刊本）

案檔清明藏原庫大閣內代清存現所究研言語史歷院究研央中

一十二之（詳不日）月三年五治順清

是孫曙等俱革黜該撫按羍問將不
書年號文理悖亂情由確察議罪具
奏餘著部議該衙門知道

038709

院大學士臣馮銓臣宋權謹
題為直料悖亂坊刻以正人心事臣等因訓課子
孫聊市坊刻其文背謬荒唐邊
功令已令人不勝駭異且序文止寫丁亥干支并無
順治年號凡著書必繫年號以尊一統歷代皆
然今此輩刪去不用心無

本朝陽順陰逆罪犯不敢之條矢伏念
朝廷以文取士乃不易之良法惟乾於正則大忠大
孝由此出若仕其祁則大姦大惡亦由此出自
明末紊弛流獎已極如今日孫曙之了閣張戾
之犢雲毛重悴之著書膺庭清之運雲史樹骏
及憙邊士真稿序文皆無年號誕慢全無

立義不可理解此輩使之治民必貪酷使之治
兵必叛逆使之取士必過關節結黨與正理文
字反因異已而不錄其禍可勝言哉伏乞
敕下該部將孫曙等革黜行文該撫按嚴等重擬仍
將一應私行坊刻盡數焚燬再有違犯該撫按
學臣徑自等叅敢有徇縱者治罪不宥以後凡

A8-5(2-1)　　　　　　　　　　B3997

孫曙等坊刻制藝序案中馮銓、宋權題本

南潯鎮本名潯溪又名南林宋理宗淳祐末立爲南潯鎮

迄今不改在　京師偏東三度五十分北極高三十度

五十三分按此據康熙時，內府銅板輿圖計之

府烏程縣震澤下鄉四十三都屬浙江布政使司湖州唯西北一隅東栅爲一

百七十一莊係十七區西栅爲一百六十三莊南栅爲一百

六十四莊北栅爲一百六十五莊並係十六區鎮市東西三

里南北五里在府縣治東七十二里爲湖州府通判南

潯司巡檢南潯汛千總駐所東栅外百步爲江南蘇州

府震澤縣界按今修志限斷東至極樂庵前西至三里橋南至康王寺橋北至稽五漾

汪曰楨撰　南潯鎮志一

疆域

志一　疆域

汪曰楨《南潯鎮志》書影之一

汪曰楨《南潯鎮志》書影之二

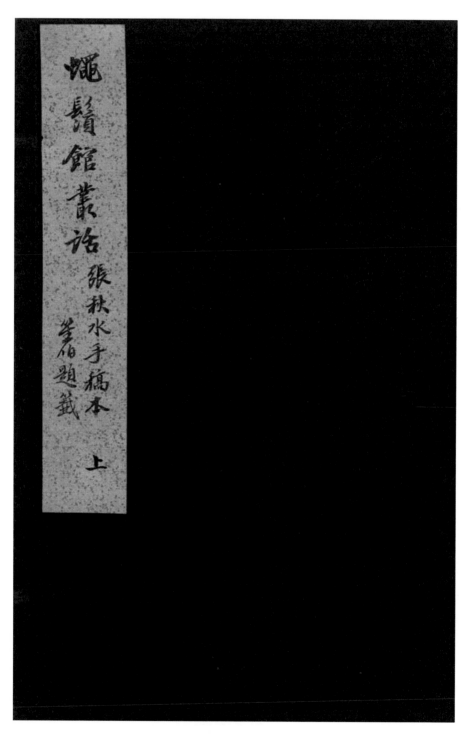

張鑑《蠅鬚館叢話》書影之一

蠅鬚館叢話卷二十九

戊子二月沈愗才柳橋登宴攜丁氏媛
序丁君昙見昙柱同里吴刑部祠部
及紀太僕心齋詩古體視近體為勝惜其
以其後溪曲云傳雲籠溪水曲風敬輕渾滿溪綠有女踏
陵年十六蕚鶺鴒浣濯紗鶯起溪邊水翁前又驟行去
期呼徕雛爾何太息母之食空悲啼雛家粟誰家原
還論粗向之飽胡魚使母氣而損背雛方出殼卵翼惟此雛
母朝見衆來吞飢浦雛船母夜同塒柶乾致雛渡心此雛
渴羽驅威以此母潛痩病佛罈毛滿羽雛自去母飢呼雛不
見影不見影空悲啼雛捐範母長飢
襄湾全山甫錫桂近以所著補巖海珊明史襍詠四卷見過

張鑑《蠅鬚館叢話》書影之二

—125—

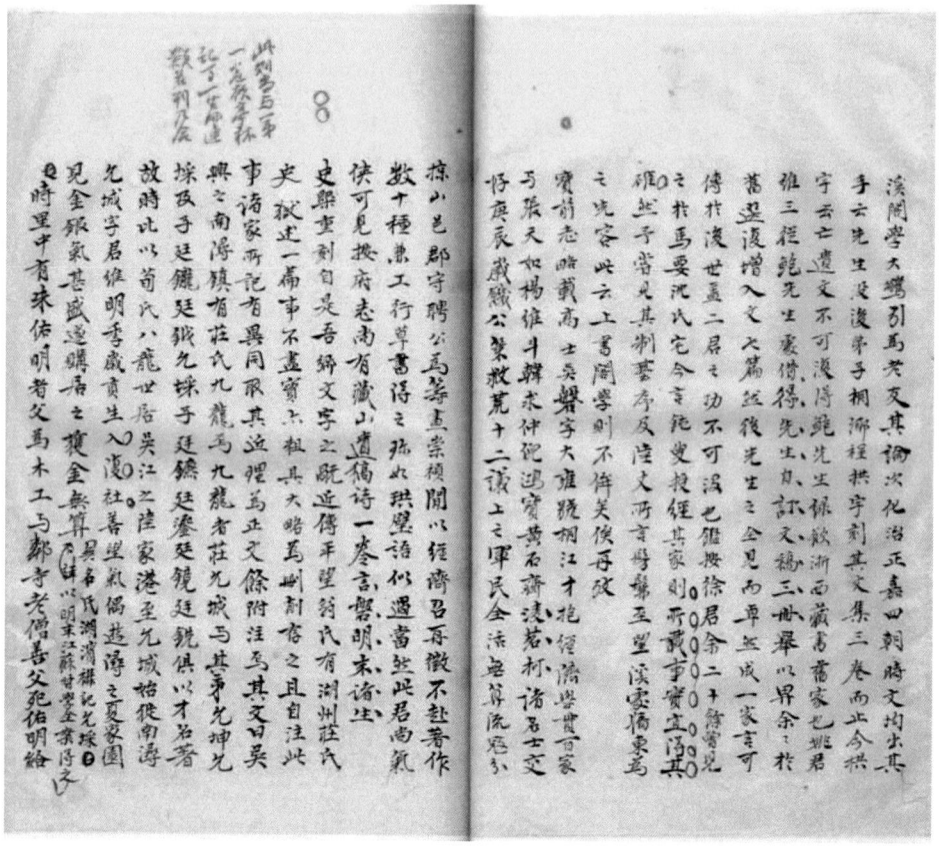

張鑑《蠅鬚館叢話》書影之三

節庵《莊氏史案本末》書影之一

李繼白乙未進士為蘇州滸墅關主事以買明書處新此藏書之家不行著發也其繕置書者未守盡析以未詳名字不記

隆瑋字相遠南潯人出入莊君雄之間明火起略塿為總裁舉館於蘇州之涂氏主人富而有勢璘盜其閨女主人振甚重費以考行吉學道難革批府陳永命宪擬此庚子夏事君雄刊去其名而不為刊去反以為福也

烏程未文畫國禎致政家居留心史事所著有大事記其已付剝刷者謂之史慨未刊者尚多也秘藏族

家俊因逸盜有莊氏貿朱氏之居其子子相延鉴偶見此書寫為己有招集知名之士妄以己意增捐于其間而朱氏原本遂汩沒矣子相阮死乃父名維免城於鎮北圆道廣名匠列之見五年而告成號曰明書一不知利害書買味張其事丑自以為不世之業誇其每挽院太息曰可惜文甫公一生心血付之東流然取非其肯立名者定有奇禍天理昭路可畏也朱氏之書主裁禎南朝而止耳傷之者子相也婧之者所聘諸子也受其子臨死之屬而必領刊之者君

節庵《莊氏史案本末》書影之二

南山集偶鈔

答某書

桐城戴名世田有

辱書具言時文風氣之說而欲決之不肯以定其所從

六足下之勤勤用力於時文者豈非爭一時之進取而

亟亟求得舉耶而欲決之不肯又豈非以素相愛且稍

有知識言或可採必不誤足下之舉耶不肯草鄙之人

抱膝荒江絕意世事況區區者既不能為而世俗所謂

得舉之文且又不諱至於以平生之所知誠告足下將

萬萬不得舉非所以愛足下也昔伯樂教甘所憎者相

戊午　答某書

戴名世《南山集偶鈔》書影（清康熙四十年尤雲鶚寶翰樓刻本）

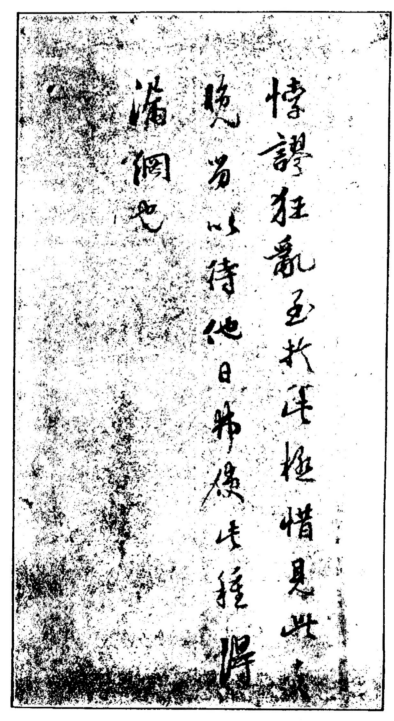

清世宗御筆（題汪景祺《讀書堂西征隨筆》）

讀書堂西征隨筆

余今年五十又三矣青春背我黃卷笑人意緒如此其荒蕪病軀如此其委頓間關歷數千里貧困飢驅自問生平都無是處憶少年豪邁不羈謂悠悠斯世無一可與友者罵坐之灌將軍放狂之彌處士一言不合不難挺刃而鬭其意以爲君輩未嘗讀破萬卷書安敢向我鼓弄唇舌耶所至之地望風聞名往往引避去世人皆欲殺其信然矣五十歲漸知素昔之非降心從人折節下士因稍稍有與我友者然遇事侃侃不少假借如故也自邢州取道晉陽河東入潼關至雍州凡路之所經身之所遇心之所記口之所談咸筆之於書其有不可存者悉毀棄之名之曰西征隨筆意見偏頗則性之所近而然也議論詩戾則心之所激而成也其或情牽脂粉語涉狹斜猶是香奩本色知我罪我聽之而已雍正二年

西征隨筆

一　掌故叢編　二

汪景祺《讀書堂西征隨筆》書影之一

五月五日錢塘汪景祺星堂書於開元寺僧舍

汪景祺《讀書堂西征隨筆》書影之二

遼寧人品　　　　詹事雨

再來人　　　　　詼諧之語

狐魅畏節婦　　　婦人纏足

婦人橛　　　　　周鍾項煜之死

女子之禍　　　　燕雲十六州

功臣不可爲　　　秦中凱歌十三首

汪景祺《讀書堂西征隨筆》書影之三

曰朔州今朔州曰蔚州今蔚州此山後之州也劉仁恭以營平灤
三州賂契丹營州即今昌黎縣平州即今盧龍縣灤州即今灤州
也周世宗　　南北則瀛莫二州復歸中國白溝河爲宋遼分界
遂爲百戰之地其後與金夾攻遼以請石晉所賂之地而忘營平
灤三州乃劉仁恭獻契丹以求援者王黼欲併得之金主云今更
不論原約特與燕京及薊景檀順涿易六州其山後諸州皆毀約
不與張穀殺遼故相左企弓等以平州來歸金人藉爲兵端長驅
直入而汴京不守矣五月二十八日

功臣不可爲

鳥盡弓藏古今同慨論者或謂功高不賞挾震主之威不能善自
發晦故鮮有以功名終者予曰不然天步艱難干戈鼎沸糧餉挽
輸於外庫帑耗竭於中其時節鉞重臣爲國舊身不顧萬死一生

西征隨筆　　　　　　五十四　掌故叢編

汪景祺《讀書堂西征隨筆》書影之四

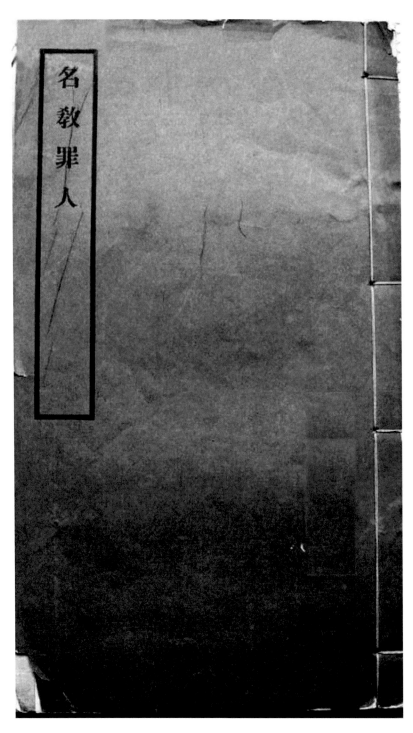

名教罪人

《名教罪人》書影之一

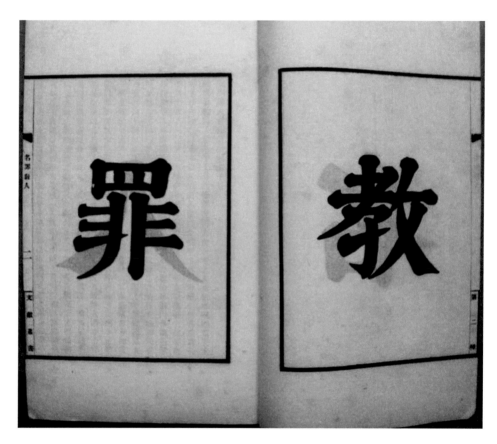

《名教罪人》書影之二

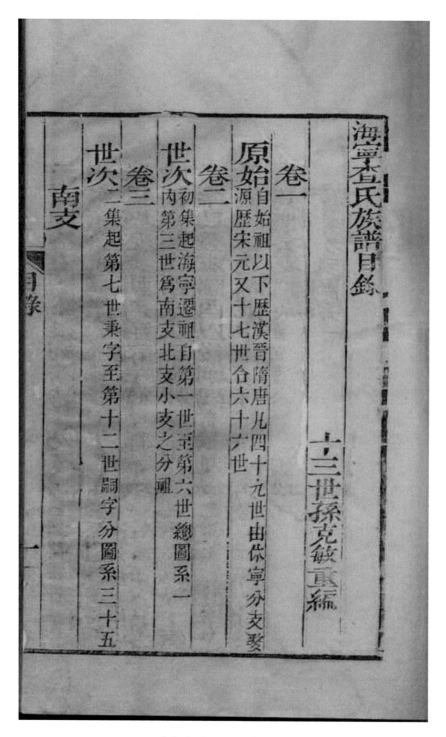

《海寧查氏族譜》書影

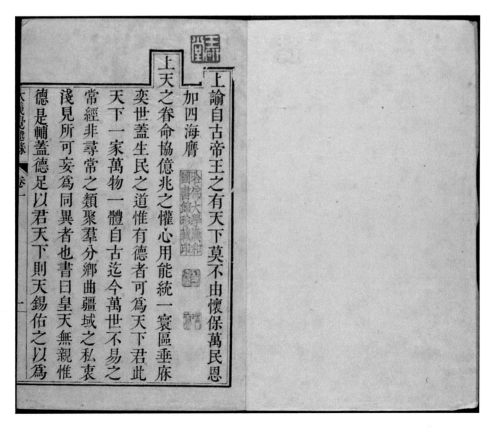

清雍正年間刊本《大義覺迷錄》書影之一

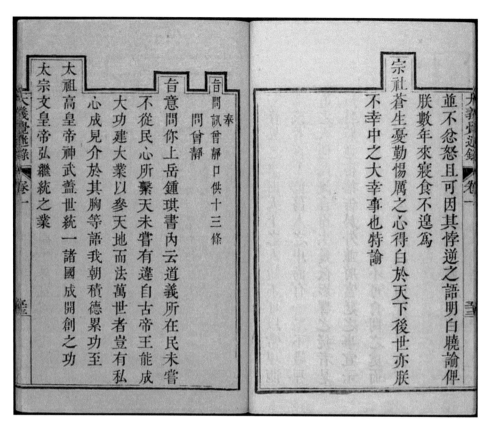

清雍正年間刊本《大義覺迷錄》書影之二

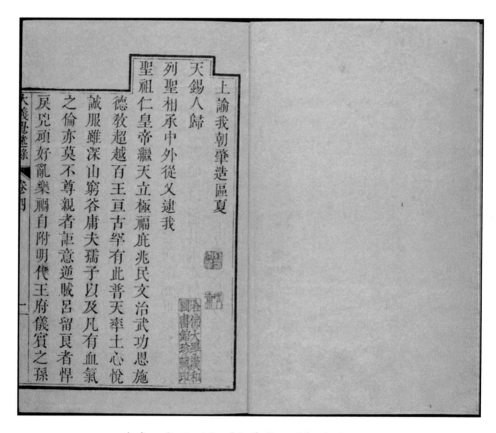

清雍正年間刊本《大義覺迷錄》書影之三

大義覺迷錄　卷四

則留此一篇或使兇惡之徒亦可消其悖逆
之念可見人無智愚賢不肖無不可感格之
人是以將曾靜歸仁說附於各供詞之後非
以其稱功頌德謟諛而存之也
　曾靜歸仁說
聖人之出也非常故其生也無常地亦無常而其德業光
輝之周於上下四方心思運量之通於四海萬世地乃當
超於前古而迥非數百年數千年之所嘗有昔人云非常
人出群傑其私智足以應服象論述其德業光輝心思運量
不足以知聖人之生與聖人之德業光輝心思運量之過出
出群碼其私智以為非獨常人卽世俗所震懾明絕世才智而
常人之常人不安分之常人而已矣蓋天之生聖

大義覺迷錄　卷四

人也其積氣也極厚德也極盛以宇宙而言必天地
中和清淑之久蘊蓄至數百年而始生一聖人又數千年而
始生一大夫也以一家而言必祖宗功德之
久至數十年又數百年而始生聖子聖孫焉
大聖之孫此則聖曾又祖聖宗分別所宜而
之生者必有也聖曾地和生天地生之土生聖
預收必數倍嘉設孕地和生天地生之土生聖
何嘗不益異得而二也然而中國之中一大脈胳或左或孰
而循環界以出渺界豈在天下盡已氣機盡不
方體今日與明日不同此地與彼地別本極沿
容人以成格定式就持捉搦所貴纓書知道者周時制之異具古
適地取中卽用其活變之妙以竭吾權度量身具古
人之同處勖出異使吾所處之異者而後可古人
預循環垂訓之旨合而使後人霸經明理以定義之大
立經垂訓之旨合而使後人霸經明理以定義之大用斯無窮

清雍正年間刊本《大義覺迷錄》書影之四

主要徵引和參考文獻

一、史料

1. 《安慶府太湖縣志》，（清）章時化修、張必昇纂、王庭增修，清康熙二十七年刻本。

2. 《八旗通志》，（清）鄂爾泰等修，吉林，東北師範大學出版社，1985年9月第1版。

3. 《白虎通德論》，（漢）班固撰，上海古籍出版社，1990年11月第1版影印江安傅氏雙鑑樓藏元刊本。

4. 《白虎通疏證》，（清）陳立撰，北京，中華書局，1994年8月第1版吳則虞點校本。

5. 《碑傳集》，（清）錢儀吉纂，北京，中華書局，1993年4月第1版靳斯標點本。

6. 《博羅縣志》，（清）陳裔虞纂修，清乾隆二十八年刻本。

7. 《博羅縣志》，（清）陶敬纂修，清康熙二十六年刻本。

8. 《常熟孫氏宗譜》，清光緒間惇敘堂刻本，蘇州大學圖書館藏。

9. 《常熟縣志》，（清）高士䴍、楊振藻修、錢陸燦等纂，清康熙二十六年刻本。

10. 《常熟縣志》，（清）章曾印修、曾倬纂，清康熙五十一年刻本。

11. 《常州史氏族譜》，（清）史國華等纂修，清光緒十九年重修之木活字本，常州東門德馨祠板。

12. 《池北偶談》，（清）王士禛撰，北京，中華書局，1982年1月第1版靳斯仁點校本。

13. 《大清高宗純皇帝實錄》，全稱《大清高宗法天隆運至誠先覺體元立極敷文奮武孝慈神聖純皇帝實錄》，（清）董誥等奉敕修，北京，中華書局，

1985 年 11 月至 1986 年 6 月第 1 版影印本《清實錄》第九至二七冊。

14. 《大清律輯注》，（清）沈之奇撰，北京，法律出版社，2000 年 1 月第 1 版懷效峰、李俊點校本。

15. 《大清律例》，天津古籍出版社，1993 年 12 月第 1 版張榮錚、劉勇強、金懋初點校本。

16. 《大清聖祖仁皇帝實錄》，全稱《大清聖祖合天弘運文武睿哲恭儉寬裕孝敬誠信中和功德大成仁皇帝實錄》，（清）朱軾等奉敕修，北京，中華書局，1985 年 9 月第 1 版影印本《清實錄》第四至六冊。

17. 《大清世宗憲皇帝實錄》，全稱《大清世宗敬天昌運建中表正文武英明寬仁信毅大孝至誠憲皇帝實錄》，（清）張廷玉等奉敕修，北京，中華書局，1985 年 10 月第 1 版影印本《清實錄》第七至八冊。

18. 《大清世祖章皇帝實錄》，全稱《大清世祖體天隆運定統建極英睿欽文顯武大德弘功至仁純孝章皇帝實錄》，（清）圖海等奉敕修，北京，中華書局，1985 年 8 月第 1 版影印本《清實錄》第三冊。

19. 〈戴名世《南山集》案史料〉，中國第一歷史檔案館編選，載《歷史檔案》，總第 82 期，北京，《歷史檔案》雜誌社，2001 年 4 月出版，頁 21 至 24。

20. 《戴名世集》，王樹民編校，北京，中華書局，1986 年 2 月第 1 版。

21. 《東華錄》，（清）蔣良騏撰，北京，中華書局，1980 年 4 月第 1 版林樹惠、傅貴九點校本。

22. 《東林列傳》，（清）陳鼎輯，清康熙五十年山壽堂刻本。

23. 《東興繆氏宗譜》，（清）繆楷等纂修，清光緒三十四年九修本，清宣統元年衍澤堂木活字本。

24. 《東興繆氏宗譜》，（清）繆翼思等纂修，八修本，清同治十年衍澤堂木活字本。

25. 《讀通鑑論》，（清）王夫之撰，北京，中華書局，1975 年 7 月第 1 版。

26. 《段莊錢氏族譜》，（民國）錢根發主修，民國十六年錦樹堂木活字本。

27. 《鈍齋詩選》，（清）方孝標撰，上海圖書館藏抄本。

28. 《鈍齋詩選》，（清）方孝標撰，合肥，黃山書社，1996 年 5 月第 1 版唐根生、李永生點校本。

29. 〈范氏記私史事〉，（清）范韓撰，見（民國）周延年輯：《南林叢刊》次集，民國二十五年南林周氏鉛印本。

30. 《撫州府志》，（清）羅復晉修、李茹旻等纂，清雍正七年刻咸豐二年元善補刻本。

31. 《撫州府志》，（清）許應鑅、朱澄瀾等修、謝煌等纂，清光緒二年刻本。

32. 《復社姓氏錄》，（清）吳翿輯，清道光十一年吳江吳氏南陔堂刻本。

33. 《贛州府志》，（清）朱宸等修、林有席等纂，清乾隆四十七年刻本。

34. 《宮中檔康熙朝奏摺》，第一至七輯，國立故宮博物院故宮文獻編輯委員會編輯，臺北，國立故宮博物院，1976 年 6 月至 9 月出版。

35. 《宮中檔雍正朝奏摺》，第一至廿七輯，國立故宮博物院編輯，臺北，國立故宮博物院，1977 年 11 月至 1980 年 1 月出版。

36. 《龔自珍全集》，（清）龔自珍撰，上海古籍出版社，1975 年 2 月新 1 版王佩諍校本。

37. 《觚賸》，（清）鈕琇撰，上海古籍出版社，1986 年 1 月第 1 版。

38. 《顧亭林詩文集》，（清）顧炎武撰，北京，中華書局，1983 年 5 月第 2 版華忱之點校本。

39. 《光緒武進陽湖縣志》，（清）張球等修、湯成烈等纂，清光緒五年刻本。

40. 《廣東通志》，（清）郝玉麟等修、魯曾煜等纂，清雍正九年刻本。

41. 《廣東通志》，（清）金光祖纂修，清康熙十四年修三十六年刻本。

42. 《廣東通志》，（清）阮元修、陳昌齊等纂，清道光二年刻本、同治三年重刻本。

43. 《歸安縣志》，（清）姚時亮、何國祥修、王啓允、嚴經世纂，清康熙十二年刻本。

44. 《國朝耆獻類徵初編》，（清）李桓輯，清光緒十年至十六年湘陰李氏刻本。

45. 《海寧縣志》，（清）金鼇、黃簪世修、王又曾纂，清乾隆三十年刻本。

46. 《海寧查氏族譜》，（清）查世倓纂修，清嘉慶十三年刻本。

47. 《韓昌黎文集校注》，（唐）韓愈撰，（民國）馬其昶校注，上海，古典文學出版社，一九五七年十二月第一版。

48. 《韓氏族譜》（博羅），清光緒二十二年重修本，大宗祠藏板。

49. 《杭州府志》，（清）陳璚修、王棻纂、（民國）屈映光續修、陸懋勳續纂、齊耀珊重修、吳慶坻重纂，清光緒二十四年修、民國五年續修、民國十一年鉛印本。

50. 《河間府志》，（清）徐可先等纂修，清康熙十七年刻本。

51. 《弘道書》，（清）費密撰，民國十一年大關唐氏怡蘭堂刻本。

52. 《湖州府志》，（清）李堂纂修，清乾隆二十三年刻本。

53. 《皇明遺民傳》，佚名撰，民國二十五年北京大學據如皋魏氏藏朝鮮人抄本影印本。

54. 《惠州府志》，（清）呂應奎修、黃挺華纂，清康熙二十七年刻本。

55. 《畿輔通志》，（清）于成龍等修、郭棻纂，清康熙二十二年刻本。

56. 《濟寧直隸州志》，（清）王道亨修、盛百二纂，清乾隆五十年刻本。

57. 〈記桐城方戴兩家書案〉，（清）不具撰人名氏撰，載國粹學報社輯：《古學彙刊》，第一集，〈雜記類〉，上海，國粹學報館，中華民國元年六月印行。

58. 《江南通志》，（清）王新命等修、張九徵等纂，清康熙二十三年刻本。

59. 《江寧府志》，（清）陳開虞纂修，清康熙七年刻、乾隆五十四年補刻本。

60. 《江寧縣新志》，（清）袁枚纂修，清乾隆十三年刻本。

61. 《江寧縣志》，（清）佟世燕修、戴本孝纂，清康熙二十二年刻本。

62. 《江浦縣志》，（清）項維正等纂修，清雍正四年刻本。

63. 《景印文淵閣四庫全書》，（清）永瑢、紀昀等纂修，臺北，臺灣商務印書館股份有限公司，1986年3月初版。

64. 《敬孚類稿》，（清）蕭穆撰，清光緒三十三年刻本。

65. 《康熙朝漢文硃批奏摺彙編》，第一至八冊，中國第一歷史檔案館編，北京，檔案出版社，1984年5月至1985年5月第一版影印本。

66. 《康熙起居注》，中國第一歷史檔案館整理，北京，中華書局，1984年8月第1版。

67. 《郎潛紀聞初筆　二筆　三筆》，（清）陳康祺撰，北京，中華書局，1984年8月第1版晉石點校本。

68. 《臨川縣志》，（清）童範儼等修、陳慶齡等纂，清同治九年刻本。

69. 《柳南隨筆　續筆》，（清）王應奎撰，北京，中華書局，1983年10月第1版王彬、嚴英俊點校本。

70. 《滿洲名臣傳》、《漢名臣傳》，（清）國史館編，清刻本。

71. 《名教罪人》，北平，故宮博物院鉛印雍正四年輯本，《文獻叢書》第二種。

72. 《名山藏副本》，（清）齊周華撰，上海古籍出版社，1987年7月第1版周采泉、金敏點校本。

73. 《明清檔案》，全稱《中央研究院歷史語言研究所現存清代內閣大庫原藏明清檔案》，三百二十四冊，張偉仁主編，臺北，中央研究院歷史語言研究所，1986年1月至1995年12月初版，聯經出版事業公司印行。

74. 《明清進士題名碑錄索引》，朱保炯、謝沛霖編，上海古籍出版社，1980年2月第1版。

75. 《明清歷科進士題名碑錄》，臺北，華文書局股份有限公司，1969年12月初版。

76. 《明清史料》，甲、乙、丙編，國立中央研究院歷史語言研究所明清史料

編刊會編，上海，商務印書館，中華民國十九年九月、二十五年六月、十一月初版。

77. 《明實錄》，臺北，中央研究院歷史語言研究所校印本。

78. 《明史》，（清）張廷玉等撰，北京，中華書局，1974 年 4 月第 1 版點校本。

79. 《明史鈔略》，載《四部叢刊三編》（九），上海書店，1985 年 7 月據商務印書館一九三五年版重印本。

80. 《明遺民錄彙輯》，謝正光、范金民編，南京大學出版社，1995 年 7 月第 1 版。

81. 《穆堂初稿》，（清）李紱撰，清乾隆間無怒軒刻本。

82. 《牧齋有學集》，（清）錢謙益撰，上海古籍出版社，1996 年 9 月第 1 版。

83. 《南宮縣志》，（清）戴世文修、喬國楨等纂，清光緒三十年刻本。

84. 《南宮縣志》，（民國）黃容惠修、賈恩綬纂，民國二十五年刻藍印本。

85. 《南宮縣志》，（清）周柣修、陳柱纂，清道光十一年刻本。

86. 《南明史料》（八種），（清）黃宗羲、顧炎武等撰，南京，江蘇古籍出版社，1999 年 8 月第 1 版孟昭庚、李昌憲等校點本。

87. 《南山文集》，（清）戴名世撰，清光緒二十六年木活字本。

88. 《南吳舊話錄》，（清）李延昰撰，上海古籍出版社，1985 年 9 月第 1 版。

89. 《南潯鎮志》，（清）汪曰楨纂修，清同治二年刻本。

90. 《南潯志》，（民國）周慶雲纂，民國十一年刻本。

91. 《廿二史劄記校證（訂補本）》，（清）趙翼撰，王樹民校證，北京，中華書局，1984 年 1 月第 1 版。

92. 《寧津縣志》，（清）祝嘉庸等修、吳潯源等纂，清光緒二十六年刻本。

93. 《寧津縣志稿》，（清）程裕昌纂修，傳抄清康熙十三年刻本。

94. 《千山詩集》，（清）函可撰，清乾隆嘉慶間刻本。

95. 《乾隆吳縣志》，（清）姜順蛟修、施謙纂，清乾隆十年刻本。

96. 《錢牧齋先生年譜》，（民國）金鶴沖編，民國二十一年鉛印本。

97. 《錢塘縣志》，（清）魏㷟修、裘璉等纂，清康熙五十七年刻本。

98. 《清碑傳合集》，上海，上海書店，1988 年 4 月第一版影印本。

99. 《清朝碑傳全集附全集人名索引》，（清）錢儀吉等纂輯，臺北，大化書局，1984 年 12 月初版。

100. 《清代文字獄檔》，國立北平故宮博物院文獻館編輯，第九輯，國立北平

故宮博物院文獻館，民國廿三年十月出版。

101. 《清代文字獄檔》，原北平故宮博物院文獻館編，上海書店，1986 年 5 月第一版複印本。

102. 《清方望溪先生苞年譜》，（清）蘇惇元輯，臺北，臺灣商務印書館股份有限公司，1981 年 1 月初版，王雲五主編：《新編中國名人年譜集成》第十二輯之一。

103. 《清江貝先生文集》，（明）貝瓊撰，明洪武年間刻本。

104. 《清秘述聞三種》，（清）法式善等撰，北京，中華書局，1982 年 5 月第 1 版張偉點校本。

105. 《清詩別裁集》，（清）沈德潛編，北京，中華書局，1975 年 11 月第 1 版影印清乾隆二十五年教忠堂重訂本。

106. 《清史稿》，（民國）趙爾巽撰，北京，中華書局，1977 年 8 月第 1 版點校本。

107. 《清史列傳》，北京，中華書局，1987 年 11 月第 1 版王鍾翰點校本。

108. 《清史資料》，第四輯，中國社會科學院歷史研究所清史研究室編，北京，中華書局，1983 年 4 月第 1 版。

109. 《秋室集》，（清）楊鳳苞撰，清光緒十一年湖州陸氏刻本。

110. 《全祖望集彙校集注》，（清）全祖望撰，朱鑄禹彙校集注，上海古籍出版社，2000 年 12 月第 1 版。

111. 《榕村語錄　榕村續語錄》，（清）李光地撰，北京，中華書局，1995 年 6 月第 1 版陳祖武點校本。

112. 《善思齋文續鈔》，（清）徐宗亮撰，清光緒間刻本。

113. 《社事始末》，（清）杜登春撰，上海圖書館藏鈔本。

114. 《升菴全集》，（明）楊慎撰，上海，商務印書館，中華民國二十六年三月初版，《萬有文庫》第二集之一。

115. 《盛京通志》，（清）董秉忠等修、哲備等纂，清康熙二十三年刻本。

116. 《石臼集》，（清）邢昉撰，清同治以後刻本〔註1〕。

117. 《石臼前集》、《石臼後集》，（清）邢昉撰，山東省圖書館藏清康熙刻本，載四庫禁燬書叢刊編輯委員會編：《四庫禁燬書叢刊》，北京出版社，二〇〇〇年一月第一版，集部第五一冊，頁集 51-1 至集 51-284。

118. 《石門縣志》，（清）杜森修、祝文彥等纂、鄺世培續修，清康熙十六年刻本。

〔註 1〕 此為上海圖書館藏本，館藏號：長 01984，館藏著錄為「清乾隆十六年序刻本」。然考此本「寧」、「淳」，俱作「甯」、「湻」，當是避清宣宗、清穆宗之諱，應為清同治以後改刻本。然未能定改刻的確實時代，姑改正如此。

119. 《石門縣志》，（清）耿維祐等修、潘文輅纂，清道光元年刻本。

120. 《石門縣志》，（清）余麗元等修、譚逢仕纂，清光緒五年刻本。

121. 《十三經註疏》，北京，中華書局，1980 年 9 月第 1 版影印本。

122. 《史記》，（漢）司馬遷撰，北京，中華書局，1959 年 9 月第 1 版點校本。

123. 《史料旬刊》，故宮博物院文獻館編輯，北平，故宮博物院文獻館鉛印本。

124. 《世載堂雜憶》，（民國）劉禺生撰，北京，中華書局，1960 年 12 月第 1 版錢實甫點校本。

125. 《壽陽縣志》，（清）龔導江等纂修，清乾隆三十六年刻本。

126. 《壽陽縣志》，（清）馬家鼎等修、張嘉言等纂，清光緒八年刻本。

127. 《順德府志》，（清）徐景曾等纂修，清乾隆十五年刻本。

128. 《順天府志》，（清）周家楣等修、張之洞、繆荃孫纂，清光緒十二年刻本。

129. 《說文解字（附檢字）》，（漢）許慎撰，北京，中華書局，1963 年 12 月第 1 版。

130. 《宋史》，（元）脫脫等撰，北京，中華書局，1977 年 11 月第 1 版點校本。

131. 《蘇州府志》，（清）盧騰龍修、寧雲鵬纂，清康熙三十年刻本。

132. 《蘇州府志》，（清）雅爾哈善、傅椿修、習寯等纂，清乾隆十三年刻本。

133. 《太湖縣志》，（清）符兆鵬修、趙繼元纂，清同治十一年熙湖書院刻本。

134. 《聽江冷署》，（清）胥庭清撰，清順治間刻本。

135. 《萬曆杭州府志》，（明）劉伯縉修、楊鼐纂，明萬曆七年刻本。

136. 《文安縣志》，（清）楊朝麟修、胡泓等纂，清康熙四十二年刻本。

137. 《文獻叢編》，第一至七輯，國立北平故宮博物院文獻館編輯，國立北平故宮博物院，中華民國十九年三月至九月初版。

138. 《吳越錢氏宗譜》，清光緒十四年思本堂木活字本。

139. 《武進縣志》，（清）王祖肅、楊宜侖修、虞鳴球、董潮纂，清乾隆三十年刻本。

140. 《武進縣志》，（清）武俊修、陳玉璂纂，清康熙二十三年刻本。

141. 《武進陽湖合志》，（清）黃冕等修、李兆洛、周儀暐纂，清光緒十二年據道光二十三年刻本木活字重印聚珍版翻印本。

142. 《嘯亭雜錄》，（清）昭槤撰，北京，中華書局，1980 年 12 月第 1 版何英芳點校本。

143. 《新修江寧府志》，附〈校勘記〉，（清）呂燕昭修、姚鼐纂，清嘉慶十六

年刻本，清光緒六年重刻本〔註2〕。

144. 《新修餘姚縣志》，（清）康如璉纂修，清康熙三十二年刻本。

145. 《續修嘉善縣志》，（清）崔維華修、毛蕃等纂，傳抄清康熙二十三年刻本。

146. 《研堂見聞雜記》，（清）王家禎撰，上海，商務印書館，辛亥年十月初版《痛史》第五種。

147. 《已畦集》，（清）葉燮撰，清康熙年間二棄草堂刻本。

148. 《蠅鬚館叢話》，（清）張鑑撰，上海圖書館藏稿本。

149. 《雍正朝漢文硃批奏摺彙編》，四十冊，中國第一歷史檔案館編，南京，江蘇古籍出版社，1989 年 8 月至 1991 年 3 月第一版。

150. 《雍正朝起居註冊》，中國第一歷史檔案館編，北京，中華書局，1993 年 9 月第 1 版。

151. 《永憲錄》，（清）蕭奭撰，北京，中華書局，1959 年 8 月第 1 版朱南銑點校本。

152. 《虞鄉志略》，（清）鄧琳纂，清道光二十年謄清稿本。

153. 《餘姚縣志》，（清）周炳麟修、邵友濂、孫德祖纂，清光緒二十五年刻本。

154. 《元文類》，（元）蘇天爵編，北京，商務印書館，1958 年 5 月重印第 1 版。

155. 《查繼佐年譜 查慎行年譜》，（清）沈起等撰，北京，中華書局，1992 年 7 月第 1 版汪茂和點校本。

156. 〈查嗣庭文字獄案史料（上）〉，中國第一歷史檔案館編選，載《歷史檔案》，1992 年第 1 期，北京，《歷史檔案》雜誌社，1992 年 2 月出版，頁 3 至 11。

157. 〈查嗣庭文字獄案史料（下）〉，中國第一歷史檔案館編選，載《歷史檔案》，1992 年第 2 期，北京，《歷史檔案》雜誌社，1992 年 5 月出版，頁 20 至 26。

158. 《張蒼水集》，（清）張煌言撰，上海古籍出版社，1985 年 10 月新 1 版。

159. 《掌故叢編》，故宮博物院掌故部編，北京，中華書局，1990 年 3 月第 1 版重印本。

160. 《掌故叢編》，第一至十輯，國立北平故宮博物院文獻館編輯，國立北平故宮博物院，中華民國十七年一月至五月、中華民國十八年四月至六月、十一月出版。

161. 《掌固零拾》，王嵩儒輯，彝寶齋印書局，民國二十五年鉛印本。

〔註2〕 書名改題《重刊江寧府志》，並附〈校勘記〉。

162. 《浙江通志》，（清）王國安、石琳修、張衡纂，清康熙二十三年刻本。

163. 《鄭桐菴筆記補遺》，（清）鄭敷教撰，載（民國）趙詒琛、王大隆輯：《丁丑叢編》，民國二十六年鉛印本。

164. 《直隸太倉州志》，（清）鼇圖等修、王昶等纂，清嘉慶七年刻本。

165. 《中國通史參考資料》（古代部分），第八冊，翦伯贊、鄭天挺主編，北京，中華書局，1966 年 1 月第 1 版。

166. 《中山詩鈔》，（清）郝浴撰，清刻本。

167. 《莊氏史案附秋思草堂遺集》，商務印書館校訂，上海，商務印書館，辛亥年十月初版《痛史》第四種。

168. 《莊氏史案本末》，（清）節庵輯，上海古籍書店，一九八三年三月影印本。

169. 《纂修四庫全書檔案》，中國第一歷史檔案館編，上海古籍出版社，1997 年 7 月第 1 版。

170. 《橋李詩繫》，（清）沈季友輯，清康熙四十九年敦素堂刻本。

二、著作

1. 《筆禍史談叢》，黃裳撰，人民日報出版社，1988 年 1 月北京第一次印刷。

2. 《陳垣學術論文集》，第二集，陳垣撰，北京，中華書局，1982 年 2 月第 1 版。

3. 《〈大義覺迷〉談》，上海書店出版社編，上海書店出版社，1999 年 5 月第 1 版。

4. 《帶血的挽歌——清代文人心態史》，陳維昭撰，石家莊，河北教育出版社，2001 年 11 月第 1 版。

5. 《道統與法統》，俞榮根撰，北京，法律出版社，1999 年 1 月第 1 版。

6. 《骨董瑣記》，鄧之誠撰，北京，中國書店，1991 年 7 月第 1 版鄧珂增訂點校本。

7. 《古今典籍聚散考》，陳登原撰，上海，商務印書館，中華民國二十五年一月初版。

8. 《國史大綱》，錢穆撰，重慶，商務印書館，中華民國二十九年六月初版。

9. 《國史舊聞》，第三分冊，陳登原撰，北京，中華書局，1980 年 2 月第 1 版。

10. 《國史探微》，〔美〕楊聯陞撰，臺北，聯經出版事業公司，1983 年 3 月初版。

11. 《國學概論》，錢穆撰，北京，商務印書館，1997 年 7 月新 1 版。

12. 《皇帝與皇權》，周良霄撰，上海古籍出版社，1999 年 4 月第 1 版。

13. 《金明館叢稿初編》，陳寅恪撰，上海古籍出版社，1980 年 8 月第 1 版。

14. 《近代的初曙：18 世紀中國觀念變遷與社會發展》，高翔撰，北京，社會科學文獻出版社，2000 年 12 月第 1 版。

15. 《近代中國之種族觀念》（*The Discourse of Race in Modern China*），〔英〕馮客（Frank Dikötter）撰，南京，江蘇人民出版社，1999 年 9 月第 1 版楊立華漢譯本。

16. 《近世中國秘史》，捫蝨談虎客編，上海，廣智書局，清光緒三十年九月二十日再版。

17. 《禁書・文字獄》，王彬撰，北京，中國工人出版社，1992 年 9 月第 1 版。

18. 《精神放逐的年代》，林乾、句華撰，中國青年出版社，1998 年 9 月北京第 1 版。

19. 《康熙朝儲位鬥爭記實》（*Passage to Power——K'ang-hsi and His Heir Apparent*，1661-1722），〔美〕吳秀良（Silas H. L. Wu）撰，北京，中國社會科學出版社，1988 年 9 月第 1 版張震久、吳伯婭漢譯本。

20. 《康熙大帝全傳》，孟昭信撰，長春，吉林文史出版社，1987 年 4 月第 1 版。

21. 《康熙傳》，蔣兆成、王日根撰，北京，人民出版社，1998 年 7 月第 1 版。

22. 《康雍乾三帝統治思想研究》，高翔撰，北京，中國人民大學出版社，1995 年 10 月第 1 版。

23. 《柳如是別傳》，陳寅恪撰，上海古籍出版社，1980 年 8 月第 1 版。

24. 《呂留良年譜》，包賚撰，載《民國叢書》編輯委員會編：《民國叢書》，第四編，上海書店，1992 年 12 月第一版，第八十五冊，據商務印書館1940 年版影印本〔註3〕。

25. 《民國時期總書目（1911-1949）》，北京圖書館編，北京，書目文獻出版社，1994 年 8 月北京第 1 版。

26. 《〈名教罪人〉談》，上海書店出版社編，上海書店出版社，1999 年 5 月第 1 版。

27. 《明末清初的學風》，謝國楨撰，北京，人民出版社，1982 年 6 月第 1 版。

〔註 3〕 後收入王雲五主編：《新編中國名人年譜集成》，第六輯，更名《清呂晚村先生留良年譜》。

28. 《明末剩人和尚年譜》，汪宗衍撰，臺北，臺灣商務印書館股份有限公司，1986 年 6 月初版，王雲五主編：《新編中國名人年譜集成》第二十輯之一。

29. 《明清史講義》，（民國）孟森撰，北京，中華書局，1981 年 3 月第 1 版。

30. 《明清史論著集刊》，（民國）孟森撰，北京，中華書局，1959 年 11 月第 1 版。

31. 《明清史論著集刊續編》，（民國）孟森撰，北京，中華書局，1986 年 1 月第 1 版。

32. 《明清之際黨社運動考》，謝國楨撰，北京，中華書局，1982 年 11 月第 1 版。

33. 《南明史》，顧誠撰，北京，中國青年出版社，1997 年 5 月北京第 1 版。

34. 《南明史（1644-1662）》（*The Southern Ming*, 1644-1662），〔美〕司徒琳（Lynn Struve）撰，上海古籍出版社，1992 年 7 月第 1 版李榮慶等漢譯本。

35. 《南明史略》，謝國楨撰，上海人民出版社，1957 年 12 月第 1 版。

36. 《千古文禍》，高文元主編，延吉，延邊大學出版社，1999 年 7 月第 1 版。

37. 《乾嘉考據學研究》，漆永祥撰，北京，中國社會科學出版社，1998 年 12 月第 1 版。

38. 《清稗類鈔》，第三、四冊（獄訟類、諫諍類），徐珂編，北京，中華書局，1984 年 10、12 月第 1 版。

39. 《清朝全史》，〔日〕稻葉君山撰，上海，中華書局，民國三年十二月初版，民國四年元月印行但燾等漢譯精裝本。

40. 《清朝史略》，〔日〕佐藤楚材編輯，嵩山堂，日本明治十四年刻本。

41. 《清朝文字獄》，郭成康、林鐵鈞撰，北京，群眾出版社，1990 年 10 月第 1 版。

42. 《清初嶺南佛門事略》，蔡鴻生撰，廣州，廣東高等教育出版社，1997 年 7 月第 1 版。

43. 《清初流人開發東北史》，謝國楨撰，上海，開明書店，民國三十七年十月初版。

44. 《清初學術思辨錄》，陳祖武撰，北京，中國社會科學出版社，1992 年 6 月第 1 版。

45. 《清代筆禍錄》，金性堯撰，香港，中華書局（香港）有限公司，1989 年 7 月初版。

46. 《清代禁書總述》，王彬主編，北京，中國書店，1999 年 1 月第 1 版。

47. 《清代全史》，第 2～4 卷，王戎笙、郭松義主編，瀋陽，遼寧人民出版社，1991 年 7 月至 10 月第 1 版。

48. 《清代史論》，（民國）蔡郕撰，上海會文書局，中華民國四年十一月出版。

49. 《清代史學與史家》，杜維運撰，北京，中華書局，1988 年 4 月第 1 版。

50. 《清代通史》，卷上，蕭一山撰，北京，中華印刷局，中華民國十二年十二月十七日出版。

51. 《清代通史》，卷中，蕭一山撰，北京，中華印刷局，中華民國十四年十二月二十五日出版。

52. 《清代通史》，蕭一山撰，北京，中華書局，1986 年 9 月第 1 版影印本。

53. 《清代文化志》，陳祖武、汪學群撰，上海人民出版社，1998 年 10 月第 1 版。

54. 《清代文讞紀略》，歸靜先編，重慶，人文書店，中華民國卅三年五月十五日渝初版。

55. 《清代文字獄》，孔立撰，北京，中華書局，1980 年 10 月第 1 版。

56. 《清代文字獄案》，張書才、杜景華主編，北京，紫禁城出版社，1991 年 5 月北京第 1 版。

57. 《清代職官年表》，錢實甫編，北京，中華書局，1980 年 7 月第 1 版。

58. 《清康乾盛世》，李治亭撰，鄭州，河南人民出版社，1998 年 8 月第 1 版。

59. 《清呂晚村先生留良年譜》，包賚撰，臺北，臺灣商務印書館股份有限公司，1978 年 12 月初版，王雲五主編：《新編中國名人年譜集成》第六輯之一。

60. 《清人別集總目》，李靈年、楊忠主編，合肥，安徽教育出版社，2000 年 7 月第 1 版。

61. 《清人室名別稱字號索引（增補本）》，楊廷福、楊同甫編，上海古籍出版社，2001 年 12 月第 1 版。

62. 《清詩紀事初編》，鄧之誠撰，上海古籍出版社，1984 年 2 月新 1 版。

63. 《清史講義》，（民國）孟森撰，上海，中國文化服務社，中華民國三十六年十月初版。

64. 《清史講義》，（民國）汪榮寶、許國英編纂，上海，商務印書館，中華民國二年四月初版。

65. 《清史攬要》，〔日〕增田貢撰，東京，光風社萬青堂，日本明治十年刻本。

66. 《清史論》，（民國）佚名編，臺北，文海出版社有限公司，1972 年 1 月

據民國六年石印本景印本。

67. 《清史論稿》，王思治撰，成都，巴蜀書社，1987 年 12 月第一版。

68. 《清史纂要》，（民國）劉法曾撰，上海，中華書局，民國三年七月初版。

69. 《容肇祖集》，容肇祖撰，濟南，齊魯書社，1989 年 9 月第 1 版。

70. 《儒教與道教》(*Konfuziamismus und Taoismus*)，〔德〕馬克斯・韋伯（Max Weber）撰，北京，商務印書館，1995 年 10 月第 1 版王容芬漢譯本。

71. 《石濂大汕與澳門禪史——清初嶺南禪學史研究初編》，姜伯勤撰，上海，學林出版社，1999 年 12 月第 1 版。

72. 《士權與君權——上古漢魏六朝政治權力分析》，李軍撰，桂林，廣西師範大學出版社，2001 年 8 月第 1 版。

73. 《士與中國文化》，〔美〕余英時撰，上海人民出版社，1987 年 12 月第 1 版。

74. 《順治帝》，周遠廉撰，長春，吉林文史出版社，1993 年 6 月第 1 版。

75. 《四庫全書纂修考》，郭伯恭撰，上海書店，1992 年 12 月第一版據國立北平研究院史學研究會 1937 年版影印本。

76. 《〈四庫全書〉纂修研究》，黃愛平撰，北京，中國人民大學出版社，1989 年 1 月第 1 版。

77. *The emperor's four treasuries:scholars and the state in the late Ch'ien-, Lung era*, R. Kent Guy, Cambridge, Mass: Council on East Asian Studies, Harvard University Press, U.S.A., 1987.

78. *The Literary Inquisition of Ch'ien-, Lung*, Luther Carrington Goodrich, Waverly Press, Inc., Baltimore, U.S.A., 1935.

79. 《土中錄》，金性堯撰，上海，上海書店出版社，1999 年 3 月第一版。

80. 《無奈的追尋——清代文人心理透視》，韓進廉撰，保定，河北大學出版社，2001 年 9 月第 1 版。

81. 《心史叢刊一集》，（民國）孟森撰，上海，商務印書館，中華民國五年六月初版鉛印本。

82. 《徐述夔詩獄考》，繆文功撰，中華民國二十三年鉛印本（寄歸廬叢著之一）。

83. 《飲冰室合集》，（民國）梁啟超撰，北京，中華書局，1989 年 3 月第 1 版影印本。

84. 《雍正帝及其密摺制度研究》，〔日〕楊啟樵撰，香港，三聯書店香港分店，1985 年 9 月香港增訂第二版。

85. 《雍正傳》，馮爾康撰，北京，人民出版社，1985 年 9 月第 1 版。

86. 《優入聖域：權力、信仰與正當性》，黃進興撰，西安，陝西師範大學出版社，1998 年 10 月第 1 版。

87. 《章太炎全集》（三），章炳麟撰，上海人民出版社，1984 年 7 月第 1 版。

88. 《章太炎全集》（四），章炳麟撰，上海人民出版社，1985 年 9 月第 1 版。

89. 《中國叢書綜錄》，（一）至（三），上海圖書館編，上海古籍出版社，1982 年 12 月至 1983 年 5 月新 1 版。

90. 《中國古代文字獄》，楊乾坤撰，西安，陝西人民出版社，1999 年 4 月第 1 版。

91. 《中國近代政治史》，陳安仁編，上海，商務印書館，中華民國二十二年十二月初版《萬有文庫》本。

92. 《中國近三百年學術史》，錢穆撰，上海，商務印書館，中華民國二十六年五月初版。

93. 《中國近世史》，鄭鶴聲撰，見《民國叢書》編輯委員會編：《民國叢書》，第四編，上海書店，1992 年 12 月第一版，第七十五、七十六冊，據中央政治學校 1944 年版影印本。

94. 《中國史》，第四編（上卷），王桐齡撰，北平文化學社，中華民國十八年八月初版。

95. 《中國史學上之正統論》，饒宗頤撰，上海遠東出版社，1996 年 8 月第 1 版。

96. 《中國通史》，第九、十冊，范文瀾、蔡美彪等撰，北京，人民出版社，1994 年 10 月第 1 版。

97. 《中國通史》，第十卷中古時代·清時期（上冊），白壽彝總主編，周遠廉、孫文良主編，上海人民出版社，1996 年 12 月第 1 版。

98. 《中國文化史》，柳詒徵撰，南京，鍾山書局，民國二十一年八月初版。

99. 《中國文禍史》，胡奇光撰，上海人民出版社，1993 年 10 月第 1 版。

100. 《中國政治思想史》，蕭公權撰，上海，國立編譯館、商務印書館，中華民國三十五年十月初版。

101. 《中國政治思想史》，楊幼炯撰，上海，商務印書館，中華民國二十六年五月初版。

102. 《中華二千年史》，鄧之誠撰，北京，中華書局，1983 年 6 月新一版。

103. 《莊史案輯論》，朱襄廷撰，廣州，國立中山大學語言歷史學研究所，中華民國十七年五月付印，國立中山大學語言歷史學研究所史料叢刊之一。

104. 《莊氏史案考》，周延年撰，民國間鉛印本〔註4〕。

〔註 4〕 筆者所見者無版權頁。據北京圖書館編：《民國時期總書目（1911-1949）》，〈歷史·傳記·考古·地理（上）〉所載，此書爲 1932 年出版，頁 149。

三、論文

1. 〈並不標準的遺民——屈大均晚年的政治態度〉，何天傑撰，載《文史知識》，1998 年第 4 期，北京，中華書局，〔4 月〕13 日出版，頁 84 至 89。

2. 〈重讀《清代文字獄檔》〉，韋慶遠撰，載《讀書》，1979 年第 3 期，北京，生活・讀書・新知三聯書店，1979 年 6 月出版，頁 90 至 100。

3. 〈從清代文字獄看康乾「盛世」的「法治」〉，邱遠猷、薛梅卿撰，載《學習與探索》，一九八〇年第三期，哈爾濱，五月十五日出版，頁 15 至 21。

4. 〈從《蘇報》案看清朝的文字獄〉，馮怡撰，載《北京聯合大學學報》，1996 年（第 10 卷）第 2 期，北京，1996 年 6 月 20 日出版，頁 81 至 86。

5. 〈從文字獄看弘曆的思想統治觀念〉，霍存福撰，載《吉林大學社會科學學報》，1998 年第 6 期，長春，1998 年 11 月 24 日出版，頁 32 至 36。

6. 〈從新發現的檔案談戴名世《南山集》案〉，張玉撰，載《歷史檔案》，總第 82 期，北京，2001 年 4 月出版，頁 91 至 96。

7. 〈從查嗣庭文字獄案談文字遊戲〉，楊乃濟撰，載北京故宮博物院、紫禁城出版社編：《紫禁城》，1991 年第 2 期，香港江源文化企業公司出版發行，頁 3 至 4。

8. 〈《大義覺迷錄》〉，語堂撰，載《人間世》，第三十期，上海，良友圖書印刷有限公司，中華民國廿四年六月二十日發行，頁三三至三六。

9. 〈《大義覺迷錄》爲什麼成了禁書〉，王楚雲撰，載中華書局編輯部編：《文史》，第九輯，北京，中華書局，1980 年 6 月第 1 版，頁 228。

10. 〈戴名世斷罪事件の政治的背景——戴名世・方苞の學との關連において〉，〔日〕大谷敏夫撰，載《史林》，第六一卷第四號，京都大學文學部史學研究會，一九七八年七月一日發行，頁 1 至 37（總 487 至 523）。

11. 〈戴名世論〉，王凱符、漆緒邦撰，載《北京師院學報》，1980 年第 3 期，北京，一九八〇年九月二十日出版，頁 2 至 13。

12. 〈戴名世南山集之獄〉，許霽英撰，載《人文》，第七卷第三期，上海，人文月刊社，民國二十五年四月十五日出版。

13. 〈戴名世死因新說〉，盧佑誠撰，載《武陵學刊》（社會科學），1997 年（第 22 卷）第 1 期，常德，1997 年 1 月出版，頁 54～56。

14. 〈《戴名世遺文集》前言〉，王樹民撰，載《河北師範大學學報》（哲學社會科學版），2001 年（第 24 卷）第 4 期，石家莊，2001 年 10 月 5 日出版，頁 55。

15. 〈戴名世著作考略〉，何冠彪撰，載趙令揚編：《明清史集刊》，第一卷，香港大學中文系，1985 年出版，頁 121 至 170。

16. 〈戴南山及其思想的初步考察〉，賀珏撰，載中國科學院安徽分院哲學社

會科學研究所編:《安徽史學通訊》,1959 年第四、五期合刊,合肥,1959 年 11 月 15 日出版,頁 1 至 28。

17. 〈《戴氏宗譜》與戴名世研究〉,鍾揚撰,載《安慶師院社會科學學報》,1998 年第 4 期,1998 年 10 月 15 日出版,頁 82 至 85。

18. 〈道統與治統之間:從明嘉靖九年(1530)孔廟改制論皇權與祭祀禮儀〉,黃進興撰,載中央研究院歷史語言研究所出版品編輯委員會編:《中央研究院歷史語言研究所集刊》,第六十一本第四分,臺北,中央研究院歷史語言研究所,1990 年 12 月出版〔註5〕,頁 917 至 941。

19. 〈東臺徐述夔一柱樓詩獄考〉,釋靈石撰,載《江蘇研究》,第三卷第一期,上海,江蘇研究社,民國廿六年一月三十一日出版。

20. 〈讀西征隨筆箚記〉,葉秋原撰,載《人間世》,第十九期,上海,良友圖書印刷有限公司,中華民國廿四年一月五日發行,頁五九至六○。

21. 〈二百年前的文壇恐怖〉,金性堯撰,載上海人民出版社編:《書林》,1979 年第 1 期,1979 年 9 月第 1 版,頁 36 至 38。

22. 〈二百年前的一起文字獄——記徐述夔《一柱樓詩集》案〉,王煦撰,載《群眾論叢》,一九八一年第一期,南京,一月十日出版,頁 110 至 112。

23. 〈方苞下獄真正因由淺議〉,龔維英撰,載安徽省社會科學院文學研究所、安慶師範學院中文系和淮北煤炭師範學院中文系編:《桐城派研究論文選》,合肥,黃山書社,1986 年 11 月第 1 版,頁 200 至 203。

24. 〈封建統治下的文字獄〉,張友鸞撰,載《百科知識》,第一輯,1979 年 5 月 1 日出版,頁 42 至 43。

25. 〈馮銓史事雜考〉,張昇撰,載《清史研究》,1998 年第 3 期,北京,中國人民大學書報資料中心,1998 年 9 月 15 日出版,頁 89～96。

26. 〈隔膜〉、〈買《小學大全》記〉,(民國)魯迅撰,載《魯迅全集》,第 6 卷,〈且介亭雜文〉,北京,人民文學出版社,1981 年北京第 1 版,頁 42 至 46、53 至 61。

27. 〈龔賢和剩上人——兼談清朝最早的文字獄:南京函可之獄〉,白堅撰,載《南藝學報》,一九八一年第一期,南京,頁 48 至 50。

28. 〈古人談文字獄〉,原璞撰,載《學術研究》,一九七九年第四期,廣州,廣東人民出版社,七月二十日出版,頁 50 至 51。

29. 〈《古史詩鋮》是誰作的〉,王樹民撰,載《文學遺產》,一九八五年第二期,北京,中華書局,六月二十五日出版,頁 154 至 155。

30. 〈《古史詩鋮》應是戴名世所作〉,許永璋撰,載《文學遺產》,一九八五

〔註 5〕 此處出版日期乃據《中央研究院歷史語言研究所集刊》之第六十一本第四分冊末之版權頁著錄,此文首頁另有「出版日期」,為 1992 年 12 月。

年第四期，北京，中華書局，十二月二十五日出版，頁 156 至 157。

31. 〈關於清代莊氏史獄〉，王少華撰，載《中央日報》，南京，中華民國三十五年十二月十三日，第七版，見上海書店出版社、江蘇古籍出版社影印本《中央日報》，一九九四年九月第一版，第 54 冊，頁 921。

32. 〈關於清文字獄中的梁三川《奇冤錄》案〉，侯月祥撰，載《廣東史志》，1991 年第 4 期，廣州，頁 61 至 62。

33. 〈弘曆的意識與乾隆朝文字獄〉，霍存福撰，載《法制與社會發展》，1998 年第 6 期，長春，1998 年 12 月 16 日出版，頁 16 至 26。

34. 〈皇明遺民傳序〉，（民國）孟森撰，載佚名撰：《皇明遺民傳》卷首，民國二十五年北京大學據如皋魏氏藏朝鮮人抄本影印本〔註6〕。

35. 〈黃培文字獄與《含章館詩集》〉，魯海、時桂山撰，載《文獻》，1992 年第 2 期，北京，書目文獻出版社，1992 年 4 月 13 日出版，頁 271 至 272。

36. 〈記鄭濤詩禍事〉，馬敘倫撰，載《國粹學報》，第二年第六號（第十八期），〈史篇〉，上海，國粹叢編社，清光緒三十二年五月二十日發行，葉七至九。

37. 〈據《清代文字獄檔》考李騏的卒年〉，柯愈春撰，載《歷史檔案》，一九八三年第二期，北京，1983 年 5 月出版，頁 129。

38. 〈康乾時期文化政策的複雜性及其對小說的影響〉，張國風撰，載《中國人民大學學報》，1997 年第 2 期，北京，1997 年 3 月 16 日出版，頁 94 至 100。

39. 〈康熙的文化政策〉，劉潞撰，載《故宮博物院院刊》，1984 年第 1 期，北京，文物出版社，1984 年 2 月出版，頁 16 至 24。

40. 〈康熙對漢族士大夫的政策〉，李華撰，載《社會科學輯刊》，1980 年第 3 期，瀋陽，1980 年 5 月 30 日出版，頁 81 至 89。

41. 〈康熙手抄本《含章館詩集》的發現與「黃培詩案」〉，盧興基撰，載《中華文史論叢》，一九八四年第二輯，上海古籍出版社，1984 年 5 月第 1 版，頁 233 至 241。

42. 〈科場案〉，（民國）孟森撰，載（民國）孟森撰：《心史叢刊一集》，上海，商務印書館，中華民國五年六月初版鉛印本〔註7〕。

43. 〈論戴名世與司馬遷〉，俞樟華撰，載《浙江師範大學學報》（社會科學版），1994 年（第 19 卷）第 4 期，金華，1994 年 7 月出版，頁 25 至 29。

〔註 6〕 此文後收入氏著《明清史論著集刊》，上冊，頁 155 至 157，個別文字有所不同。

〔註 7〕 此文後收入氏著《明清史論著集刊》，下冊，頁 391 至 433，個別文字有所不同。

44. 〈論呂留良〉，楊向奎撰，載《史學月刊》，一八九四年第四期，開封，河南人民出版社，1984 年 7 月出版，頁 43 至 50。

45. 〈論清代的文字獄〉，孔立撰，載《中國史研究》，一九七九年第三期，北京，中國社會科學出版社，1979 年 9 月出版，頁 129 至 140。

46. 〈論清代文字獄對圖書事業的影響〉，劉淑敏撰，載《津圖學刊》，1992 年第一期，天津市高校圖書情報工作委員會發行，3 月出版，頁 147 至 154。

47. 〈論清初私撰明史風氣〉，暴鴻昌撰，載吉林大學《史學集刊》編輯委員會編：《史學集刊》，一九九○年第一期，長春，1990 年 2 月出版，頁 57 至 60、31。

48. 〈論清初統治思想的演變〉，王俊才撰，載《河北師範大學學報》（社會科學版），1999 年（第 22 卷）第 1 期，石家莊，1999 年 1 月 5 日出版，頁 66 至 70、86。

49. 〈論順康兩朝的文化政策及其對漢族知識份子的影響——兼論清代學問由經世之用轉向考據之實〉，李海生撰，載《上海行政學院學報》，總第 6 期，上海，〔2001 年〕6 月 10 日出版，頁 104 至 110。

50. 〈呂留良後裔在東北——清代文字獄一例〉，李凌閣撰，載《牡丹江師院學報》（哲學社會科學版），一九九○年第二期，一九九○年六月十日出版，頁 63 至 65。

51. 〈呂留良及其思想〉，容肇祖撰，載《輔仁學志》，第五卷第一、二合期，北平，中華民國二十五年十二月印行〔註8〕。

52. 〈呂留良散論〉，陳祖武撰，載中國社會科學院歷史研究所清史研究室編：《清史論叢》，第七輯，北京，中華書局，1986 年 10 月第 1 版，頁 243 至 258。

53. 〈略論戴名世的史學思想〉，候虎虎撰，載《延安大學學報》，2001 年（第 23 卷）第 2 期，2001 年 6 月出版，頁 86 至 89。

54. 〈略談歷史上的文字獄〉，潘允中撰，載《南方日報》，廣州，1979 年 2 月 28 日，第三版。

55. 〈滿清文化思想統制——兼記明末清初幾個有操守的學人〉，史操撰，載《新華日報》，重慶，中華民國三十二年十二月三十一日，第三版，載北京圖書館影印：《新華日報》，新華書店發行，1964 年印刷，內部發行本，第十二冊。

56. 〈滿清統治下漢民族之民族思想的演變〉，周玉麟撰，載《南詔季刊》，創刊號〔註9〕，頁 27 至 33。

〔註 8〕 此文後收入氏著《容肇祖集》，頁 479 至 583。

〔註 9〕 筆者所見，為上海圖書館藏本，無版權頁。其外用牛皮紙包裝之封面，有鋼

57. 〈民族思想家呂留良及其影響〉，尉之嘉撰，載中山文化教育館編：《民族學研究集刊》，第三期，重慶，商務印書館，中華民國三十二年九月初版，頁八六至八九。

58. 〈明代制義風格的嬗變〉，高壽仙撰，載朱誠如、王天有主編：《明清論叢》，第二輯，北京，紫禁城出版社，2001 年 4 月第 1 版，頁 428 至 439。

59. 〈《明季南都殉難記‧屈大均先生傳》辨正〉，曾漢棠撰，載《文獻》，1998 年第 2 期，北京圖書館出版社，1998 年 4 月 13 日出版，頁 257 至 261。

60. 〈明末黨社與清朝文字獄──明清超集權主義的流變及歷史影響〉，李一蠡撰，載《炎黃春秋》，1998 年第 5 期，北京，〔5 月〕4 日出版，頁 63 至 68。

61. 〈明清江南儒士群體的歷史變動〉，周學軍撰，載《歷史研究》，一九九三年第一期，北京，中國社會科學出版社，二月十五日出版，頁 75 至 87。

62. 〈明清文字獄案例〉，錢昌明撰，載《歷史教學》，一九八一年第六期，天津，一九八一年六月出版，頁 47 至 48。

63. 〈明清文字獄簡論〉，王思治撰，載《人民日報》，北京，1979 年 8 月 24 日，第三版〔註 10〕。

64. 〈明清文字獄述略〉，馮天瑜撰，載氏著《明清文化史散論》，武昌，華中工學院出版社，1984 年 2 月第 1 版，頁 326 至 343。

65. 〈《明夷待訪錄》與清初文字獄〉，謝剛撰，載《中國史研究》，一九八三年第三期，北京，中國社會科學出版社，1983 年 8 月 20 日出版，頁 71 至 84。

66. 〈《南山集》案的透視〉，王樹民撰，載《江淮論壇》，一九八六年第三期，合肥，安徽人民出版社出版，頁 87 至 89。

67. 〈《南山集》及其作者〉，劉綬松撰，載《宇宙風乙刊》，第二十五期，上海，宇宙風社，中華民國二十九年六月一日出版，頁三七八至三八一。

68. 〈年羹堯與文字獄〉，李世瑜撰，載《清史研究通訊》，一九八五年第一期，北京，中國社會科學出版社，1985 年 3 月 15 日出版，頁 34 至 36。

69. 〈彭家屏收藏明季野史案〉，（民國）孟森撰，載國立北京大學潛社編輯發行：《史學論叢》，第一冊，中華民國二十三年七月出版〔註 11〕。

70. 〈乾隆朝文字獄述評〉，白新良撰，載《故宮博物院院刊》，一九九一年第三期，北京，紫禁城出版社，一九九一年九月出版，頁 72 至 80、37。

筆所書「上海南詔學社」、「1935.3」字樣。

〔註 10〕 此文後收入氏著《清史論稿》，頁 370 至 381，個別文字有所不同。

〔註 11〕 此文後收入氏著《明清史論著集刊續編》，頁 364 至 369，個別文字有所不同。

71. 〈乾隆朝一起特殊文字獄——「僞孫嘉淦奏稿案」考述〉，陳東林、徐懷寶撰，載《故宮博物院院刊》，1984 年第 1 期，北京，文物出版社，1984 年 2 月出版，頁 3 至 10。

72. 〈乾隆間文字之獄〉，憂患餘生生撰，載《新民叢報》，第二年第二十五號，〈叢錄門〉，日本橫濱，新民叢報社，清光緒二十九年（癸卯）。

73. 〈清朝的皇帝統治與思想統制的實際——以曾靜謀逆事件與《大義覺迷錄》爲中心〉，〔韓〕閔斗基撰，載《中國近代史研究——紳士層的思想和行動》，漢城，一潮閣，1973 年出版，頁 2 至 53。

74. 〈清朝康熙、雍正、乾隆時期的文字獄及禁書簡論〉，唐玉萍撰，載《昭烏達蒙族師專學報》（漢文哲學社會科學版），第 14 卷第 2、3 期，赤峰，1993 年 6 月出版，頁 46 至 55、70。

75. 〈清朝文字獄與檔案史料編纂〉，劉國榮撰，載《湖南檔案》，1998 年第 4 期，長沙，1998 年 8 月 28 日出版，頁 5 至 7。

76. 〈清朝修志與文字獄〉，傅貴九撰，載《方志研究》，1990 年第 4 期，長春，吉林省地方志編委會發行部發行，1990 年 7 月 1 日出版，頁 63 至 67。

77. 〈清朝最早的文字獄——明史案〉，岳成撰，載《書林》，1987 年第 11 期，11 月 15 日出版，頁 31 至 32。

78. 〈清初の思想統制をめぐつて〉，〔日〕小野和子撰，載《東洋史研究》，第十八卷第三號，京都，日本昭和三十四年十二月二十日發行，頁 99 至 123（總 339 至 363）。

79. 〈清初利用漢族地主集團所施行的統治政策〉，謝國楨撰，載《中國史研究》，一九八〇年第四期，北京，中國社會科學出版社，1980 年 12 月 20 日出版，頁 78 至 87。

80. 〈清初三次遣戍黑龍江地區的桐城方氏一家〉，李興盛撰，載《求是學刊》，一九八一年第一期，哈爾濱，一九八一年二月十五日出版，頁 106 至 111。

81. 〈清初文化政策及其影響〉，袁正平撰，載《文史雜誌》，1997 年第 2 期，成都，1997 年 3 月 20 日出版，頁 48 至 51。

82. 〈清初文字獄與沈近思〉，一士撰，載《越風》，第十三期（五月特號），越風社，中華民國廿五年五月十五日出版，頁二七至二九。

83. 〈清初查嗣庭「試題」案〉，簡究岸撰，載《觀察與思考》，二〇〇〇年第十二期，杭州，2000 年 12 月 15 日出版，頁 43 至 44、42。

84. 〈清初鎮壓士氣的三大獄〉，周黎庵撰，載《宇宙風乙刊》，第四期，上海，宇宙風社，民國二十八年四月十六日出版，頁一七一至一七六。

85. 〈清初政權意識形態之探究：政治化的道統觀〉，黃進興撰，載中央研究

院歷史語言研究所出版品編輯委員會編:《中央研究院歷史語言研究所集刊》,第五十八本第一分,臺北,中央研究院歷史語言研究所,1987年3月出版,頁105至131。

86. 〈清代的兩大詩禍〉,劉文林撰,載《人間世》,第三十五期,上海,良友圖書印刷有限公司,中華民國廿四年九月五日發行,頁二五至二六。

87. 〈清代的文字迫害和「製造異己」模式〉,〔澳〕費思堂(T. S. Fisher)撰,載白壽彝主編:《清史國際學術討論會論文集》,瀋陽,遼寧人民出版社,1990年8月第1版,頁531至553。

88. 〈清代的文字獄〉,余求之撰,載《新華日報》,重慶,中華民國三十三年七月十日,第四版。

89. 〈清代廣東四宗文字獄案述略〉,侯月祥撰,載《廣東史志》,1993年第1期,廣州,頁44至47。

90. 〈清代回族伊斯蘭文字獄:海富潤案件始末〉,納國昌撰,載《回族研究》,2000年第4期,銀川,11月5日出版,頁25至28。

91. 〈清代屈大均文字獄案始末〉,侯月祥撰,載《廣東史志》,1992年第1期,廣州,頁73至75。

92. 〈清代蘇籍官民以文觸獄述略〉,杜吉華撰,載《江蘇地方志》,2000年第一期,南京,2000年2月10日出版,頁27至30。

93. 〈清代文治與文章〉,郭預衡撰,載《北京師範大學學報》(社會科學版),1999年第5期,北京師範大學出版社,1999年9月25日出版,頁73至79。

94. 〈清代文字獄〉,蔣端生撰,載《申報》,上海,中華民國三十六年十一月二十三日,第三張,見上海書店縮印本《申報》,一九八三年一月,第395冊,頁543。

95. 〈清代文字獄〉,君實撰,載《大公報》(上海版),一九五〇年三月二十三日,第二張,第六版。

96. 〈清代文字獄辨〉,趙志毅撰,載《東南文化》,一九九七年第三期,南京,頁68至71。

97. 〈清代文字獄簡論〉,張躍銘撰,載《北方論叢》,一九七九年第六期,哈爾濱,十一月十五日出版,頁46至52。

98. 〈清代文字獄考略〉,賈逸君撰,載《中法大學月刊》,第十卷第五期,北平,中華民國二十六年三月一日出版,頁65至94。

99. 〈清代文字獄瑣談〉,周黎庵撰,載《宇宙風乙刊》,第十七期,上海,宇宙風社,民國二十八年十一月十六日出版,頁七三四至七三七。

100. 〈清代文字獄新論〉,喻大華撰,載《遼寧師範大學學報》(社會科學版),一九九六年第一期,大連,1996年1月20日出版,頁72至75。

101. 〈清代文字獄研究新成果〉，鄭秦撰，載《清史研究》，一九九一年第四期，北京，中國人民大學書報資料中心，1991 年 12 月 15 日出版，頁48 至 50。

102. 〈清代文字獄與廣東志書〉，侯月祥撰，載《廣東史志》，1991 年第 1 期，廣州，頁 40 至 46。

103. 〈清代莊史案之重鞫〉，楊鴻烈撰，載《中華法學雜誌》，第五卷第八、九號合刊，世界學院、國立北平研究院，頁八一至九六。

104. 〈清康熙初年湖州莊廷鑨私修明史案〉，簡究岸撰，載《觀察與思考》，二〇〇〇年第八期，杭州，2000 年 8 月 15 日出版，頁 45 至 46、44。

105. 〈清乾隆朝文字獄簡表〉，許霽英撰，載《人文》，第八卷第四期，上海，人文月刊社，民國二十六年五月十五日出版。

106. 〈清前期的文字獄〉（上、下），朱眉叔撰，分載《遼寧大學學報》（哲學社會科學版），一九七九年第四期、第 5 期，瀋陽，頁 61 至 73、頁 75 至 82。

107. 〈清史雜錄（四）〉，許霽英撰，載《人文》，第八卷第五期，上海，人文月刊社，民國二十六年六月十五日出版。

108. 〈清史雜錄（一）〉，許霽英撰，載《人文》，第七卷第十期，上海，人文月刊社，民國二十五年十二月十五日出版。

109. 〈清雍正朝浙江呂留良「謀逆」案——曠古未有的「文字獄」〉（上、中、下），簡究岸撰，分別見《觀察與思考》，二〇〇〇年第二、四、六期，杭州，2000 年 2 月 15 日、4 月 15 日、6 月 15 日出版，頁 44 至 45、頁42 至 43、頁 45 至 46。

110. 〈清雍正初年汪景祺《西征隨筆》「逆書」案〉，簡究岸撰，載《觀察與思考》，二〇〇〇年第十期，杭州，2000 年 10 月 15 日出版，頁 43 至 44。

111. 〈屈大均的儒學情結〉，何天傑撰，載《學術研究》，1997 年第八期，廣州，〔8 月〕20 日出版，頁 73 至 77。

112. 〈屈大均「文字獄」案真相暨釋疑〉，歐安年撰，載《廣州日報》，廣州，1992 年 11 月 27 日，第十一版。

113. 〈屈大均與《廣東新語》〉，寒冬虹撰，載《文獻》，1994 年第 3 期，北京，書目文獻出版社，1994 年 7 月 13 日出版，頁 246 至 253。

114. 〈屈大均傳〉，（民國）朱希祖撰，載《國立中山大學文史學研究所月刊》，第一卷第五期，廣州，中華民國二十二年五月二十五日出版，頁 13 至18。

115. 〈屈大均整理廣東古代文獻的業績和成就〉，羅志歡撰，載《文獻》，1999年第 4 期，北京圖書館出版社，1999 年 10 月 13 日出版，頁 106 至 117。

116. 〈曲折發展的《南山集》案及其餘波〉，王樹民撰，載安徽省社會科學院

文學研究所、安慶師範學院中文系和淮北煤炭師範學院中文系編：《桐城派研究論文選》，合肥，黃山書社，1986 年 11 月第 1 版，頁 193 至199。

117. 〈《儒林外史》和文字獄〉，段熙仲、潘君昭撰，載《社會科學輯刊》，一九八○年第三期，瀋陽，1980 年 5 月 30 日出版，頁 128 至 130。

118. 〈儒學的衍變和清代士風〉，楊國強撰，載《史林》，1995 年第一期，上海社會科學院出版社，頁 70 至 92。

119. 〈剩和尚之獄及其它〉，楊積慶撰，載朱東潤、李俊民、羅竹風主編：《中華文史論叢》，一九八一年第四輯，上海古籍出版社，1981 年 11 月第 1 版，頁 153 至 158。

120. 〈試論康熙的文化政策〉，費劼撰，載《江漢論壇》，1998 年第 2 期，武漢，1998 年 2 月 15 日出版，頁 45 至 47。

121. 〈試析莊氏史案對清初私家修史的影響〉，楊林撰，載《清史研究》，一九九二年第二期，北京，中國人民大學書報資料中心，1992 年 6 月 15日出版，頁 51 至 56。

122. 〈書明史鈔略〉，（民國）孟森撰，載《青鶴》，第五卷第十八期，上海，青鶴雜誌社，中華民國二十六年八月一日出版〔註12〕。

123. 〈《四庫全書》與文字獄〉，張傑撰，載《清史研究》，一九九七年第一期，北京，中國人民大學書報資料中心，1997 年 3 月 15 日出版，頁 45 至54。

124. 〈*The Literary Inquisition of Ch'ien-Lung*, Luther Carrington Goodrich, Waverly Press, Inc., Baltimore, U.S.A., 1935. pp.xii+275〉（書評），雷海宗撰，載《清華學報》，第拾卷第四期，北平，國立清華大學，民國廿四年十月出版，頁 954 至 957。

125. 〈爲呂留良鳴冤獲罪的齊周華文字獄〉，簡究岸撰，載《觀察與思考》，二○○一年第四期，杭州，2001 年 4 月 15 日出版，頁 42 至 43。

126. 〈文網史話〉，郭維森撰，載《南京大學學報》（哲學社會科學），一九七九年第二期，南京，一九七九年五月二十日出版，頁 87 至 90。

127. 〈文字獄的株連性〉，周黎庵撰，載《宇宙風乙刊》，第十八期，上海，宇宙風社，民國二十八年十二月一日出版，頁七八四至七八八。

128. 〈犧牲於清代文字獄裏的青年史家吳炎與潘檉章〉，王璞撰，載《人物雜誌》，滬版，第三年第十二期，上海，〔中華民國〕三十七年十二月十五日出版，頁 26 至 31。

129. 〈閒閒錄案〉，（民國）孟森撰，載《東方雜誌》，第十三卷第六號，上海，

〔註12〕此文後收入氏著《明清史論著集刊》，上冊，頁 141 至 147，個別文字有所不同。

商務印書館，民國五年六月十日出版〔註13〕。

130. 〈謝濟世及其注書案〉，張捷夫撰，載《中國史研究》，一九九四年第四期，北京，中國社會科學出版社，1994 年 8 月 20 日出版，頁 147 至 151。

131. 〈修志困難與清代文網之關係〉，韋燕章撰，載《廣西通志館館刊》，第四、五期合刊，桂林，廣西通志館，中華民國三十八年一月出版，頁 33 至 46。

132. 〈徐述夔及其《一柱樓詩》獄考略〉，陳翔華撰，載《文獻》，1985 年第 2 期，北京，書目文獻出版社，1985 年 4 月 13 日出版，頁 27 至 44。

133. 〈胥庭清和《聽江冷署》〉，胡堅撰，載《圖書館雜誌》，2001 年（第 20 卷）第 12 期，上海市圖書館學會、上海圖書館，2001 年 12 月 15 日出版，頁 49 至 51。

134. 〈《一柱樓》詩獄述聞——談清初民族詩人徐贗雅及其遺詩〉，武公撰，載《揚州師院學報》（社會科學），第 15 期，1962 年 9 月出版，頁 41 至 45。

135. 〈雍正帝赦免曾靜策反案發微〉，倪軍民撰，載《社會科學戰線》，一九九八年第六期，長春，1998 年 11 月 25 日出版，頁 165～169。

136. 〈雍正帝と大義覺迷錄〉，〔日〕小野川秀美撰，載《東洋史研究》，第十六卷第四號，京都，日本昭和三十三年三月三十一日發行，頁 95 至 107（總 441 至 453）。

137. 〈雍正駁華夷之辨〉，莊嚴撰，載《寧波師院學報》（社會科學版），1994 年（第 16 卷）第 3 期，1994 年 8 月出版，頁 1 至 13。

138. 〈雍正對曾靜、呂留良案的「出奇料理」與呂留良研究——兼論文字獄對清代思想文化發展之影響〉，王俊義撰，載《中國社會科學院研究生院學報》，2001 年第 2 期，北京中藝彩印包裝有限公司出版，頁 64 至 75。

139. 〈曾靜反清案與清世宗胤禛統治全國的大政方針〉，許曾重撰，載中國社會科學院歷史研究所清史研究室編：《清史論叢》，第五輯，北京，中華書局，1984 年 4 月第 1 版，頁 158 至 178。

140. 〈查嗣庭案緣由與性質〉，顧真撰，載《故宮博物院院刊》，1984 年第 1 期，北京，文物出版社，1984 年 2 月出版，頁 11 至 15、24。

141. 〈鄭板橋與呂留良〉，卞孝萱撰，載《文史知識》，1998 年第 4 期，北京，中華書局，〔4 月〕13 日出版，頁 78 至 83。

142. 〈莊氏史案參校諸人考〉，謝國楨撰，載《圖書館學季刊》，第四卷第三、四期合刊，北平，中華圖書館協會編印，中華民國十九年十二月出版，

〔註13〕此文後收入氏著《明清史論著集刊》，下冊，頁 583 至 593，個別文字有所不同。

頁四二三至四二七。

143. 〈莊廷鑨修史考論〉，錢茂偉撰，載《寧波大學學報》（人文科學版），第11卷第3期，1998年9月出版，頁55至60。

144. 〈字貫案〉，（民國）孟森撰，載《東方雜誌》，第十三卷第五號，上海，商務印書館，民國五年五月十日出版〔註14〕。

145. 〈《字貫》、《一柱樓詩》兩案與乾隆查辦禁書〉，郭成康撰，載《史學集刊》，一九八八年第二期，長春，1988年5月出版，頁33至39。

〔註14〕此文後收入氏著《明清史論著集刊》，下冊，頁573至582，個別文字有所不同。

後　記

　　承業師　陳得芝教授的推轂，以及花木蘭文化出版社的美意，拙著《清代順康雍三朝文字獄個案研究》乃有幸出版問世。2012 年，我與出版方約定本書的出版事宜，嗣以家事、工作和健康等因，時作時輟，稽延至今，方始定稿。

　　本書是在我的博士學位論文的基礎上略爲修改而成的。20 世紀末，我負笈金陵，師從南京大學歷史學系　陳得芝教授，攻讀博士學位，專業方向爲中國古代史的宋元明清史。2002 年，我撰成博士學位論文，通過答辯，獲博士學位。這次修改，祗遵師囑，主要是增訂清代文字獄的出現關乎清帝建立「正統」之說、釐正和潤飾幾處文辭表述、補充徵引文獻與規範注釋格式等項，其他則悉從舊觀，以存飛鴻印雪之跡。

　　書成之日，自應鳴謝花木蘭文化出版社社長高小娟女士、總編輯杜潔祥先生、本編主編王明蓀先生、北京聯絡處負責人楊嘉樂女士等。而　先慈逝世已六年有餘矣，寒泉之思，無時或忘。謹以本書，紀念　慈母之恩。

胡堅　敬識

2016 年 3 月 26 日